ELKE HEIDENREICH · HIER GEHT'S LANG!

ELKE
HEIDENREICH

HIER GEHT'S LANG!

Mit Büchern von Frauen durchs Leben

EISELE

MIX
Papier aus verantwortungsvollen Quellen
FSC® C083411

1. Auflage

Gesetzt aus der Macklin Text und der Sofia
Buchgestaltung: Axel Raidt, Berlin
Satz: Red Cape Production, Berlin
Druck und Bindearbeiten: CPI books GmbH, Leck
Printed in Germany
ISBN 978-3-96161-120-1

»Frauenliteratur gibt es nicht. Genausowenig wie Linkshänderliteratur, Rothaarigenliteratur, europäische Literatur, Literatur der Nordhalbkugel. All diese Kategorien sind ebenso groß wie bedeutungslos. Tragischerweise ist Frauenliteratur die einzige, die immer wieder als Knüppel hervorgeholt wird, mit dem man auf schreibende Frauen einschlagen kann.«

A. L. KENNEDY

Dies bin ich.
Ich lerne gerade Schreiben, 1949,
Sütterlinschrift mit Griffel
auf Schiefertafel.

HIER GEHT'S LANG!

Wo geht's lang? Und was eigentlich? Ach, das Leben, das Lesen, wie kann man das begreifen, was alles mit einem geschieht, wie kann man es verarbeiten, ohne mit anderen Menschen darüber zu reden, aber auch: ohne in Büchern wiederzufinden, was einen selbst an- und umtreibt?

Ich habe Lust, aufzuschreiben, was Bücher von Frauen mit mir und meinem Leben gemacht haben. Dies ist also weder eine feministische Einordnung von Literatur noch der Versuch einer Literaturgeschichte von Frauen, schon gar keine umfassende.

Ich bin das kleine Mädchen, das *Nesthäkchen* und *Trotzkopf* las und ein Frauenbild vermittelt bekam, das mit der Wirklichkeit so gar nicht übereinstimmte. Die Studentin, die sich unter lauter Männerliteratur zusammensuchen musste, was eigentlich Frauen dachten und schrieben. Die junge Frau, die das Lesen und das Reden und Schreiben über Bücher zu ihrem Beruf gemacht hatte. Und die so geworden ist, wie sie ist, auch durch Bücher: Denn Lektüre und Persönlichkeitsentfaltung bedingen einander, das Lesen durchdringt das Leben. Wer immer nur schnulzige Liebesgeschichten liest wie Emma Bovary, der muss am Ende dann eben Gift nehmen, weil das wahre Leben nicht so ist wie in den Büchern, schon gar nicht die wahre Liebe, wobei es wahre Liebe... Nein, das führt jetzt entschieden zu weit.

Gift nehmen zu müssen blieb mir erspart. Aber der Vergleich hinkt: Emma war eine literarische Figur, war Flauberts Geschöpf. Ich war ein in Büchern sich suchendes und langsam findendes Mädchen. Mich haben die Bücher gerettet, auch wenn sie mir manches gründlich vermasselt haben. (Männer sind übrigens nicht unbedingt begeistert von allzu viel lesenden Frauen. Sie fühlen sich mitunter beunruhigt. Auf den Scheiterhaufen der Inquisition brannten wohl auch deshalb vorwiegend Frauen und Bücher. Diktatoren und Inquisitoren haben instinktiv die potentielle Macht der Lesenden gespürt. Der wahre Leser ist subversiv.)

Literatur ist Literatur, egal, ob von Männern oder Frauen geschrieben.

Nur schreiben die Männer schon sehr viele Jahrhunderte länger als die Frauen, zumindest öffentlich. Frauen konnten erst ab dem 19. Jahrhundert um ihre öffentliche Wahrnehmung und Anerkennung kämpfen. Die Wegbereiterinnen einer weiblichen Literatur mussten andersartige Sicht- und Schreibweisen entwickeln, sie brauchten lange, um selbstbewusst zu werden und sich durchzusetzen. Dann aber hatten sie uns Leserinnen einiges zu sagen, was bisher noch nicht gesagt, geschrieben worden war. Und wir begriffen: Literatur von Frauen ist auch politische Literatur. Wichtige Stimmen im Exil waren oft Stimmen von Frauen – Else Lasker-Schüler, Anna Seghers, Nelly Sachs. In den Ländern kommunistischer Diktatur schrieben Christa Wolf, Anna Achmatowa, Ding Ling, im Apartheitssystem Südafrikas Nadine Gordimer, im immer noch rassistischen Amerika Toni Morrison große Literatur. Weibliche Literatur?

»Kann man aus einem anonymen Text ablesen, ob er von einem Mann oder einer Frau verfasst worden ist? Man kann es nicht.«[1] Das schreibt Ruth Klüger im Vorwort zu einem Band mit Kolumnen für die *Literarische Welt*, in denen es nur um Bücher von Frauen geht.

Und trotzdem: Wenn Männer schreiben, ist es automatisch Literatur. Wenn Frauen schreiben, ist es immer noch Frauenliteratur. Literatur von Frauen über Frauen für Frauen. Das empfinde ich als infame Ausgrenzung, als Stempel: *Kunst* kann das ja nicht sein, ist ja bloß von und für Frauen.

Warum dann aber hier ein Buch fast ausschließlich über Bücher von Frauen? Als hätte ich nicht auch Balzac, Proust, Nabokov, Thomas Mann, die wunderbaren Russen, die großen Amerikaner, ja sogar tapfer Grass und Martin Walser gelesen? Weil die Bedeutung weiblicher Literatur und ihr Einfluss auf uns Frauen meiner Meinung nach noch immer unterschätzt wird. Männliche Autoren stellen Frauen oft in den Mittelpunkt ihrer Romane (*Effi Briest*, *Madame Bovary*, *Anna Karenina*), aber Autorinnen geben intimere Einblicke in das Seelenleben oder auch die Sexualität von Frauen. Sie sind einfach näher dran. Sie haben andere Erkenntnisse beizusteuern. Frauen sind ohnehin die größeren Leserinnen als Männer. Da war, um es mal so zu sagen, ein wirklicher Bedarf am weiblichen Blick in der Literatur.

Als ich ein Kind war, wurde streng zwischen Jungen- und Mädchenbüchern unterschieden, nur bei den Märchen und bei Karl May trafen wir Kinder uns alle wieder. Das macht etwas mit kleinen Mädchen, und der rein männerfixierte Blick auf die Literatur zu der Zeit, als ich Germanistik studierte, der machte auch was mit mir. Die einzige Autorin, die

---

1 Aus: Ruth Klüger. *Was Frauen schreiben*. Zsolnay 2010.

während meines Studiums in den Sechzigerjahren in diesem Männerzirkel ernstgenommen und diskutiert wurde, war Annette von Droste-Hülshoff, und das auch nur, weil man ihr einen männlichen Geist bescheinigte. Es war eine lange Suche, bis ich über die Erfahrungen anderer Frauen auch zu mir selbst fand.

Und genau das möchte ich hier beschreiben. Nicht als Literatur-, sondern als Lebensgeschichte. Ich möchte vor allem von den Büchern erzählen, die für mich wichtig wurden, als ich jung und auf der Suche war, »in dieser Dämmerzeit des Ahnens«, wie der Schweizer Literaturkritiker Werner Weber es in seinem *Tagebuch eines Lesers* so liebevoll nennt. Auch als ich älter wurde, war Literatur das Geländer, an dem ich mich festhielt und das mir Orientierung gab, mich durchs Leben leitete. Als wollte sie mir sagen: *Hier geht's lang!*

Die mexikanische Dichterin Angeles Mastretta hat gesagt: »Wir Frauen verfügen über Schätze, Einsichten, die nirgends niedergeschrieben sind und die an andere Frauen weiterzugeben unsere Pflicht ist.«

Zum Glück wurden solche Schätze aufgeschrieben und weitergegeben, darum konnte die Schriftstellerin Jeanette Winterson dann sagen: »Ein Buch gibt mich nicht wieder, es definiert mich neu.« Wenn das passiert, ist es für die Leserin ein Glücksfall, und für die Autorin wohl auch. Susan Sontag notierte: »Ich schreibe, um herauszufinden, was ich denke.« Marieluise Fleißer: »Ich schreibe das Leben.« Katherine Mansfield: »Ich lebe, um zu schreiben.« Virginia Woolf wusste, dass man durch die Wörter immer die Seele sieht, für Ingeborg Bachmann war Schreiben »die schmerzlichste aller Todesarten« und Sylvia Plath notierte: »Was ich am meisten fürchte, ist der Tod der Phantasie.« Elisabeth Langgässer

Im Kölner Dom kann man den Lochner-Altar von 1442 bewundern. Da kommt der Erzengel Gabriel in die Wohnung der Jungfrau Maria und verkündet ihr, dass sie schwanger ist. Sie blickt sehr erstaunt auf von einem Buch: Sie hat gerade völlig vertieft gelesen.

schrieb während der Nazijahre in einem Brief an eine Freundin: »Du weißt nicht, was es heißt, als Frau eine Kathedrale allein zu bauen.« Sie meinte die Kathedrale Dichtung.

Das Schreiben, auch das Lesen, war für all diese Frauen so existentiell, wie es das auch nach und nach für mich wurde, vor allem: das Lesen. Ich suchte nach Wegweisern durch den Literaturdschungel und stieß früh auf Virginia Woolf. Sie schreibt in einem Essay über das Lesen:

> *Der einzige Rat nämlich, den ein Mensch einem anderen in puncto Lesen geben kann, ist der, auf keinen Rat zu hören, dem eigenen Instinkt zu folgen, den eigenen Verstand zu gebrauchen, eigene Schlüsse zu ziehen. Wenn wir uns darüber einig sind, dann fühle ich mich frei, einige Ideen und Anregungen zu äußern, denn dann werden Sie sich davon jene Unabhängigkeit nicht einschränken lassen, welche die wichtigste Eigenschaft ist, die ein Leser besitzen kann.*[2]

Unter den frühen Texten des walisischen Dichters Dylan Thomas gibt es eine wundervolle Weihnachtserinnerung: Er spielt mit seinem Freund im Schnee und plötzlich schlagen Flammen aus dem Haus der Nachbarin, Miss Prothero. Die Feuerwehr rückt an, spritzt aus mächtigen Schläuchen Wasser auf die Flammen, und Miss Prothero ist so erleichtert, dass das Haus nicht abgebrannt ist, und möchte den großen Männern in ihren rauch- und rußgeschwärzten Uniformen, die

---

2 Aus: Virginia Woolf. *Wie sollte man ein Buch lesen?* In: Dies. *Der gewöhnliche Leser.* Essays. Bd. 2, Fischer 1977.

da jetzt in dem ruinierten Wohnzimmer stehen, etwas Gutes tun, weiß aber nicht was und bietet dann das an, was für sie selbst zum Schönsten gehört: »Möchten Sie vielleicht jetzt etwas zu lesen haben?«

»This is not a battle to fight«, habe ich mal auf dem Deckblatt der Speisekarte eines Restaurants in New York gelesen. So ist das auch mit den Büchern: Es geht nicht um Kampf, es geht auch nicht um einen Kanon, es geht einfach nur um Liebe. Um die Liebe zu erzählten Geschichten. Und Liebe macht etwas mit einem, immer.

Mit meiner Mutter, 1952

DAS KIND

Ein wichtiger Mann in meinem Kinderleseleben war Peter Kölln. Ich wusste weder, dass es ihn gab, noch, wer das war, aber er hatte 1820 in Elmshorn ein Haferflockenimperium gegründet und die »blütenzarten Köllnflocken« erfunden, die es ab 1937 unter diesem Markenzeichen in blausilberner Verpackung gab.

Zehn Jahre später war ich vier Jahre alt, aß täglich zum Frühstück blütenzarte Köllnflocken mit Milch, Zucker und Kakao, buchstabierte auf der Tüte herum und freute mich über die Roswitha-Sammelbildchen. Jeder Packung lag ein Märchenbild bei, man konnte die Bilder in Alben kleben, aber für ein Album gab es bei uns kein Geld. Ich sammelte in den Zigarrenkisten von Onkel Hans, er rauchte Handelsgold, und meine Roswitha-Bildchen rochen also zuerst nach Haferflocken, dann nach Zigarren. Damals war noch kein Aufdruck auf den Kisten, dass das Rauchen tödlich sei. Der viel tödlichere Zweite Weltkrieg steckte uns mit ganz anderen Nachwirkungen in den Knochen.

Onkel Hans wohnte mit Opa Albert in der Nähe von meiner Mutter und mir, mein Vater machte sich im Laufe der Jahre immer mehr aus dem Staub und ich aß Haferflocken, um groß und stark zu werden. Groß wurde ich, stark nicht gerade, aber schlau, denn mit fünf hatte ich entziffert, was hinten auf den Bildchen stand. Und da standen nicht etwa die Geschichten zu den Bildern, sondern dort war zu lesen, dass

Peter Kölln (Hrsg.): Mit Roswitha ins Märchenland.
Firma Köllnflocken, Elmshorn 1935 (Bilderbuch mit farbigen Einklebebildern nach Originalen von Roswitha Bitterlich)

es das »Große Roswitha-Album jetzt zum Preise von DM 1,– beim Lebensmittelkaufmann« zu erwerben gäbe. Und: »Wer jedes Bildchen gleich ins Album klebt, schont seine wertvolle Roswitha-Sammlung und erlebt, wie Seite um Seite ein prächtiges Märchenbuch entsteht.« Darunter: »Köllnflocken kräftigen, ohne dick zu machen.«

Dick wurde ich tatsächlich nicht, aber ein Album gab es auch nicht, obwohl man beim 500-Gramm-Paket Flocken vier Pfennig sparte und somit nach dem Kauf von 25 Pfundpaketen, so wurde akribisch vorgerechnet, schon genug gespart hätte, um ein Album für DM 1,– kaufen zu können.

»Sonst noch was«, sagte meine pragmatische Mutter zu solchen Ansinnen, und die Bildchen blieben in der Zigarrenkiste.

Dass ein österreichisches Wunderkind namens Roswitha Bitterlich diese Bildchen gezeichnet und getextet hatte, wusste ich damals natürlich auch noch nicht, und als ich Jahrzehnte später dieses Roswitha-Album auf dem Flohmarkt entdeckte, stellte ich fest: Sie wurde nicht mal erwähnt, sondern das Buch wurde »gewidmet von der Märchentante der Peter-Kölln-Mühle - Elmshorn.«

Diese Märchentante aber war eben jene Roswitha Bitterlich, die in ihren Bildchen und Verslein mächtig idyllisch und possierlich herumschwurbelte, da war das vielbeschworene Deutsche Wesen noch nicht lange in Misskredit geraten. Roswitha Bitterlich war also, ohne dass ich es wusste, im Grunde meine erste Lyrikerin gewesen.

Mariele und ihr Brüderlein
Sind auf der Welt so ganz allein.
Vater und Mutter leben nicht mehr,
Geldbeutel und Brotsack sind auch leer.

Ich hatte Vater, Mutter und Haferflocken und schätzte mich glücklich.

Die zweite Autorin, an die ich mich noch genau erinnere, war Emma Gündel. Ich bekam zwischen 1948 und 1949 insgesamt viermal ihr Buch *Elke, der Schlingel* geschenkt: von Patentante Helene, die mir aus abgelegten Armeeklamotten meines Vaters Mäntel und Kleider nähte, von Friseur-Tante Lili, die meine Mutter mit krisseligen Dauerwellen verunstaltete und mir in ihrer Küche fürchterliche Topfschnitte verpasste, von meiner schönen Tante Aneta, die sich mein Onkel Eduard aus Polen mitgebracht hatte, zusammen mit dem Diamantring, den sie trug und »für den ich dem Juden

Emma Gündels Elke, der Schlingel *bekam ich insgesamt viermal geschenkt.*

erst den Finger abhacken musste«, O-Ton Onkel Eduard. Und schließlich bekam ich den Elke-Schlingel noch von Onkel Welle unten im Haus, der Rentner war und im Treppenhaus meiner Mutter nachstieg: »Nun seien Sie doch nicht so, meine Frau lässt mich nicht mehr hin und Sie sind doch auch so oft allein.« Der schenkte mir das Buch zum Schulanfang 1949. Meine Mutter brachte es ihm sofort zurück und sagte: »Wir können selber Bücher kaufen.« Das stimmte zwar nicht, wir kamen gerade mal so über die Runden, aber von Onkel Welle wollte sie nichts annehmen, und immerhin hatte ich nun ja auch schon dreimal *Elke, der Schlingel* von Emma Gündel, die insgesamt zehn Elke-Romane schrieb, von *Elke, der Schlingel* über *Elke im Seewind* und *Elke lernt Bergsteigen* bis zu *Leb wohl, Elke*. Natürlich habe ich sie alle gelesen.

Emma Gündel (1889-1968) war Lehrerin gewesen, und mit ihrer Elke-Serie landete sie einen großen Erfolg mit mehr als anderthalb Millionen Exemplaren Auflage. Ihre Elke war ein leicht aufsässiger Charakter, das gefiel mir als Namensschwester ganz gut, und wir hatten noch zweierlei gemeinsam: einen stets abwesenden Vater und eine schwache Lunge. Ich soll, sagte meine Mutter, bei der Geburt erst mal gehustet statt geschrien haben, und bis man mir mit Anfang zwanzig die Hälfte meiner total kaputt gehusteten Lunge herausoperierte, hatte ich so viele Lungenentzündungen, dass kein Mensch sie mehr zählte. Aber für eine Kur fehlte auch hier das Geld, ich musste mit Kamillendampf unterm Handtuch inhalieren und viel liegen. Liegen und lesen. Die Elke im Buch, die an Blutarmut und »zarter Lunge« litt, kam für sechs ganze Monate auf den Sonnenhof im Holsteinischen und war danach stark und gesund. Die hatte es gut! Die hatte es überhaupt gut: Die hatte noch vier ältere Geschwister. Ich hatte niemanden. Meine Eltern hatten sich kein Kind im Krieg gewünscht, und entsprechend fand ich kaum statt. Ich las und las. Ich suchte mir meine Freunde, Geschwister, Familie in den Geschichten.

Elke zahlt Lehrgeld *von Eva Schäfer ist eine öde Schmonzette.*

Zum Glück hatte meine sonst so strenge Mutter immer einen Sinn für Bücher. Sie sorgte für eine Dauerkarte in der Gemeindebibliothek, und weil ich schon als Kind eine schöne Schrift hatte, durfte ich dort bald Karteikärtchen beschriften, musste gar nichts mehr zahlen und durfte so viel ausleihen, wie ich wollte. Mädchenbücher zunächst, natürlich.

Und sehr gern wurde mir dann auch in späteren Jahren noch eine andere Elke von einer anderen Autorin geschenkt, nämlich *Elke zahlt Lehrgeld* von Eva Schäfer.

»O, diese Elke!« ist hier der tägliche Stoßseufzer. Das Buch ist eine unerträglich öde Schmonzette, in der alberne Streiche eine Rolle spielen, aber: »Wenn Mutti dagewesen wäre, dann wäre ich niemals so boshaft und aufsässig gewesen! Aber natürlich war das keine Entschuldigung, denn gerade weil Mutti fort war, hätte Elke ja ganz besonders vernünftig und gewissenhaft sein sollen.«

Mädchen konnten ruhig auch Jungsbücher lesen, aber nie hätte man einen Jungen mit einem ausgewiesenen Mädchenbuch erwischt.

Wir Mädchen lasen Mädchenbücher, eins so blöd wie das andere.

Ich habe dieses Buch übrigens damals nie gelesen, ich war, als es erschien, schon zu alt für Kinderbücher, und es ging ja wohl auch nur um den Titel. Jaja, Botschaft angekommen. Erst jetzt hab ich mal hineingeschaut und es voller Entsetzen sofort weggelegt. Aber die Emma-Gündel-Bücher aus den Dreißigerjahren haben mich als Kind durchaus erreicht.

Als ich ein Kind war, gab es jede Menge solcher Mädchenbücher. Unsere kleine Gemeindebibliothek führte streng getrennte Regale für Mädchen und Jungen, und ich las mich dann eben erst mal durch die Mädchen, bis mich mit elf oder zwölf Karl May rettete. Die Jungen lasen *Dampfer in Seenot*, *Sturm auf See*, *Gorilla greift an* oder *Der kleine Heinz hat viel zu tun* und *Horst wird Förster*.

Wir Mädchen lasen *Ursula hat ein Ziel*, *Der Zopf ist ab*, *Peggys Abenteuer in Ägypten*, *Krach um Kati* und *Alle Achtung, Christine*.

R. L. Stevensons Die Schatzinsel – *das war dann was für alle, für Mädchen und Jungen.*

Eins war so blöd wie das andere, aber dann gab es ja auch noch die herrlichen Märchen und Sagen, es gab Daniel Defoes *Robinson Crusoe* und Stevensons *Die Schatzinsel,* das war dann was für alle, für Mädchen und Jungen.

Aber im Grunde galt schon damals: Mädchen konnten ruhig auch Karl May oder Abenteuerbücher lesen, aber nie hätte man einen Jungen mit *Alle Achtung, Christine* oder sonst einem ausgewiesenen Mädchenbuch erwischt.

Das fing so früh schon an: Frauen lesen Literatur von Männern, über Männer, Männer lesen in aller Regel nicht Literatur von Frauen. Vor diesen Kinderregalen in der Gemeindebibliothek entschied sich bereits, dass ich später zu Flaubert, Tschechow, Don DeLillo greifen würde, aber Wolf-Rüdiger nicht zu Virginia Woolf, den Schwestern Brontë oder Anna Achmatowa. Aber, auch das sei erwähnt, Mädchen wie Jungen wurden angesprochen, unterhalten und vor Nachkriegsgrau gerettet von den simplen, aber spannenden Büchern der Engländerin Enid Blyton, ihren Serien der fünf

Freunde, der Abenteuer, Rätsel, Geheimnisse, wir lasen das alles gierig einfach so weg und ahnten nicht, dass wir es mit der fleißigsten aller Schriftstellerinnen zu tun hatten: Enid Blyton, die mit nur 61 Jahren von Alzheimer getroffen wurde, schrieb in ihrem nicht sehr langen Erwachsenenleben 750 Romane, mehr als 10.000 Kurzgeschichten, hatte Auflagen von über 600 Millionen in vierzig Ländern, und sie traf genau den Ton, auf den wir Kinder ansprangen. Wurde sie kritisiert, soll sie geantwortet haben, Kritik von Leuten über zwölf interessiere sie nicht.

Unsere Herzen hat sie bis heute, denn ihre Bücher vermitteln außer Spannung und Unterhaltung, dass man auch vermeintlich niedrig gestellte Menschen wie Dienstpersonal oder Putzfrauen gefälligst mit Respekt behandelt und dass überhaupt alle Menschen gleich viel wert sind. Da hatten uns unsere Weltkriegseltern etwas anderes vorgelebt.

Enid Blyton (1897-1968), eine der produktivsten und meistverkauften Autorinnen der Welt.

Literarisch gesehen waren das sicher keine Perlen, aber meine lebenslange Lesefreude hat Enid Blyton ganz wesentlich mit angefacht, und ihre Georgina in der *Fünf-Freunde*-Serie hat mir ein sehr anderes, freieres, selbständigeres Mädchenbild gezeigt als das von *Pucki, Nesthäkchen, dem Trotzkopf* oder *Elke, dem Schlingel*. So, wie mir Hugh Loftings Serie der Dr. Dolittle-Bücher den Grundstein für meine lebenslange Liebe zu Tieren legte. Er behauptete, die Tiersprache könne man lernen, und er hat recht: ich kann sie. Danke, Hugh Lofting, du wichtiger Mann unter all meinen Autorinnen!

Ich ging immer nur – und das bis zum Abitur – auf reine Mädchenschulen, und die meisten meiner Lehrer waren Lehrerinnen. Gute Lehrerinnen, bis auf die Mathematiklehrerin Frau Franz, die mich anblaffte, seit wann Arbeiterkinder nun auch schon Abitur machen müssten. Meine Deutschlehrerinnen haben mich immer gefördert und mir früh Lektüretipps gegeben, aber ich hatte einfach sehr lange keine Ahnung davon, warum Horst Förster werden wollte, wie man einen Dampfer in Seenot in den Griff kriegt und was so ein kleiner Heinz denn alles zu tun hat. (Im Grunde weiß ich es bis heute nicht!)

Aber ich lernte alles über das, was Mädchen tun sollten: stricken, lieb sein, sich schön kämmen, der Mutti zur Hand gehen und Ordnung halten. In all diesen Mädchenbüchern ging es um die Förderung des Familienzusammenhalts, denn die funktionierende Familie war die Grundlage für das Funktionieren des Staates, und dass ein *Mädel* nicht einst heiratete und *Mutti* wurde, schien undenkbar.

Ich hatte keine Familie, ich war fast immer allein, mein Vater sauste irgendwo herum, meine Mutter arbeitete, ich saß in der Wohnküche neben dem Ofen und las mich raus aus diesem einsamen Kinderleben. Das lesende Kind ist immer erst mal das angenehme Kind. Es sitzt still in seiner Ecke und stellt nichts an. Man bemerkt es kaum. Aber es liest sich eben auch weg aus seiner Umgebung, es liest sich in andere Welten, andere Familien, und irgendwann gibt es, gab es kein Zurück mehr ins Essener Nachkriegsgrau und zu diesen kreuzunglücklichen, pädagogisch höchst unbegabten Eltern.

Denn Literatur hat immer auch eine unterwandernde Wirkung, sie trägt uns davon aus unserer Umgebung, und mit dem Weg zurück kann es heikel werden. Der Autor Peter Turrini schreibt in seiner *Biographie des Lesens*:

> *Es gibt die schöne Geschichte vom Buben auf dem Lande, dem ein Lehrer oder ein Pfarrer ein Buch gibt und dem sich die Welt der Phantasie eröffnet. Der Bub liest und liest, wird gescheiter und gescheiter, und eines Tages wird er, der arme Bub vom Lande, Lehrer oder Professor oder Pfarrer. Die Geschichte ist als Biographie denkbar, auch meine gleicht ihr im ungefähren, und doch ist sie eine Illusion: Sie verschweigt, weil sie von der glücklich machenden Moral des Aufsteigens ausgeht, den Preis, den dieser Aufstieg kostet. Sie unterschlägt die andere Geschichte, die unter der schönen liegt, die Geschichte der Entfremdung von seiner Umgebung, den Verlust sozialer Wirklichkeit, die Einsamkeit des Aufsteigenden, des Lesenden.*[3]

---

3 Aus: Peter Turrini. *Mein Österreich*. Reden, Polemiken, Aufsätze. Luchterhand 1988.

Schläge und Köllnflocken sind nicht alles, was ein Kind braucht. Jetzt wird aus dem so bequem ewig lesenden das sogenannte schwierige Kind. Natürlich gab es Sprüche wie: »Du verdirbst dir die Augen« oder: »Das ist noch nichts für dich« oder: »Draußen scheint die Sonne.«

Ich habe mir die Augen verdorben, es war noch nichts für mich, und die Sonne schien in meinem Kopf und rettete mich vor Armut, Enge, Kleinkariertheit und den üblichen Nöten und Komplexen einer Heranwachsenden. Wenn ich mich, während ich der Kindheit allmählich entwuchs, dumm und hässlich fand, so war die Herzogin in *Alice im Wunderland* allemal dümmer und hässlicher; war ich todunglücklich verliebt, waren Anna Karenina und Madame Bovary ja wohl allemal unglücklicher; fühlte ich mich schlecht, weil ich mal wieder Essen ins Klo gekippt hatte, wusste ich: Raskolnikoff ist schlechter, der hat nur mal eben so gemordet, um zu wissen, wie sich das anfühlt; und wenn ich keinen Sinn im Leben sah, dachte ich an Jens Peter Jacobsens *Niels Lyhne*, der doch immerhin stehend sterben wollte – eine Möglichkeit noch zum Heldentum ganz am Schluss.

Kurzum: Das Lesen hatte für mich von allem Anfang an eine tröstende, lebensrettende und Leben erklärende Funktion. Die hat es immer noch, vorausgesetzt, der Autor ist in der Lage, eine wirkliche Geschichte zu erzählen und eine adäquate Sprache dafür zu finden – das, was wir ja wohl gute Literatur nennen.

> *Wer aufschlägt und liest und einsteigt in ein Buch,*
> *stößt ab vom Ufer, das er sonst bewohnt und wagt sich,*
> *wohin auch immer, hinaus, auf unbekannte Fahrt.*[4]

4 Aus: Christian Hart-Nibbrig. *Warum lesen?* Suhrkamp 1983.

Magda Trott, (1880-1945) vermittelte mit ihrer zwölfbändigen Pucki-*Serie ein erzkonservatives Frauenbild: Mädchen hatten vor allem eines zu sein: artig!*

Aber ehe ich aufmüpfig wurde, las ich mich wacker und durchaus begeistert durch diesen ganzen Mädchenkram, zunächst zwölf Bände *Försters Pucki* von Magda Trott, nein, alle zwölf las ich nicht, aber doch *Puckis erstes Schuljahr*, *Puckis neue Streiche* und *Pucki kommt in die höhere Schule. Pucki als junge Braut, als Mütterchen* oder *Puckis Lebenssommer* – das interessierte mich dann nicht mehr.

Puckis Leben glich in vielem sogar dem meinen. Zwar hatte sie das Glück, ein Försterkind zu sein, während ich Wälder und Tiere vorwiegend aus Büchern kannte, aber ihre Erziehung war meiner sehr ähnlich: *Liebesentzug* hieß das Zauberwort. Bei Försters wurde zwar nicht geschlagen wie bei uns, aber solche Sätze kamen mir doch sehr vertraut vor:

»Du bist an allem schuld. Wenn die Mutti jetzt sehr krank wird, dann hast du es dir zuzuschreiben, du unartige Pucki! Vati will dich nicht sehen, er ist so traurig über dich. Vati grämt sich, weil er ein solch unartiges Kind hat.«

Einmal verirrt sich Pucki, die eigentlich Hedi heißt, im Wald und bleibt eine Nacht weg. In dieser Nacht bekommt die Mutter noch ein Kind. Und was kriegt die zurückgekehrte Pucki zu hören? »Nun, unsere Hedi war fortgelaufen, ist eine Nacht weg gewesen, da haben wir uns eben ein anderes Mädchen geholt.«

Die Eltern sind rüde, die Simulation der Familienidylle bleibt aber immer erhalten und Pucki hat sich anzupassen, was auch geschieht. Sie lernt, dass ein braves Mädchen einmal Hausfrau und Mutter wird und welche Gesetze dann gelten: »Wenn die Mutter ruft, hast du sofort zu kommen!« Auch Claus Gregor, der ältere Jugendfreund, den Pucki heiraten wird, hört mit der Erziehung nicht auf: Er schenkt ihr ein Kästchen, in das sie für jede gute Tat eine weiße, für jede schlechte eine schwarze Bohne legen muss, das fördert die Gewissensbildung, und »artig« ist das Wort, das in den Puckibüchern am häufigsten vorkommt. *Artig* hatte man zu sein.

Ich kann mir nicht verkneifen, diesen Beginn des zweiten Kapitels aus *Försters Pucki* zu zitieren:

> *»Mutti, liebe Mutti, zieh mir nicht das alte Kleid an! Ich möchte heute keine Frau sein, sondern ein Junge!« Frau Sandler schüttelte den Kopf. Das hübsche, neue Kleidchen schien keinen Eindruck auf Hedi gemacht zu haben. »Du sollst niedlich aussehen, wenn du heute Nachmittag zu Onkel und Tante Niepel fährst.«*
> *»Mutti, bitte, bitte, ich möchte ein Junge sein. Ich hole mir meine Höschen.«*
> *»Aber Hedi, du kannst nicht in den Spielhöschen zu Besuch gehen.« »Ich kann schon, Mutti.«*

»Warum willst du das neue Kleid nicht anziehen?«
»Weil der Paul dann sagt, dass ich ein dummes Mädchen bin. Bei Onkel Niepel dürfen wir auf die hohe Leiter kriechen. Und wenn ich dann ein Mädchen bin, lassen mich die Jungen nicht rauf. – Ich möchte heute ein Junge sein.«
»Du brauchst mit den drei Buben nicht immer mitzuklettern. Kleine Mädchen müssen artiger sein als Jungen.« »Warum denn, Mutti?«

Ja, warum denn, Mutti? Die Mutti weiß es:

»Weil der liebe Gott sie nicht so kräftig geschaffen hat wie die Knaben.«

Aber es ist nicht nur mal wieder der liebe Gott schuld, sondern:

»Du bist unser liebes kleines Mädchen und sollst es bleiben. Ich möchte ein artiges kleines Mädchen haben.«

Basta, aus, Schluss, Ende der Diskussion, *artig sein*. Was die hübschen feinen Kleidchen betraf, hatte ich Glück: Weil ich immer mit den Jungens in den Trümmergrundstücken rumkroch, musste ich bald keine schönen Kleidchen mehr tragen. Ich kriegte eine Lederhose, die vor Dreck stank und von alleine stand, und musste damit auf allen Klassenfotos nach ganz hinten.

Ich möchte noch einen Satz aus *Försters Pucki* zitieren, und zwar lenkt Pucki natürlich ein und sagt doch tatsächlich: »Ich will ja auch eine liebe Mutti werden, so eine liebe Mutti, wie du eine bist. Musstest du immer artig sein, Mutti, damit du so eine liebe Frau geworden bist?«

Hier durfte ich, weil es ein Ausflug war, mit der fatalen Lederhose ausnahmsweise mal nach vorn, erste Reihe links.

Es ist aus heutiger Sicht nicht zu begreifen, was für ein Frauen- und Mädchenbild diese Bücher in den Fünfzigerjahren propagierten. Ich fasse es nicht, dass ich das alles damals mit Begeisterung gelesen habe. Ganz sicher haben solche Bücher dazu beigetragen, dass wir heranwachsenden Mädchen uns anfangs nur so schwer und dann so radikal aus überlieferten Frauenrollen lösten. Und noch weniger fasse ich das alles, wenn ich heute weiß, dass ausgerechnet Magda Trott bis in die späten Zwanzigerjahre eine der engagiertesten

Frauenrechtlerinnen ihrer Zeit war, die schon 1907 eine Bank für Frauen gründen wollte und von einem Frauenstaat träumte. Die *Pucki*-Bände aber wurden in den Dreißigerjahren geschrieben und fügen sich ganz nahtlos in die aufkommende deutschnationale Gesinnung der Nazis und deren Frauen- und Familienbild ein.

Ich wollte sein wie die kleinen Heldinnen in meinen Büchern, aber »artig« war verdammt schwer, schon deshalb, weil man nie wusste, wie man es überforderten Eltern recht machen sollte, die gerade ein durch ihre Mitschuld komplett zerstörtes Deutschland wieder aufbauten, deren Vergangenheit ein Desaster, deren Gegenwart eine große Anstrengung und deren Zukunft nicht viel mehr als eine vage Option war. Das Kind sollte es mal besser haben, und um es besser zu haben, musste es eben lernen und artig sein, das war zumindest das hilflose Programm.

Else Ury war die Verfasserin der berühmten zehnbändigen Jugendbuchreihe Nesthäkchen, *in der sie das Leben der blonden Arzttochter Annemarie Braun erzählt.*

So viel zum Thema Rattenschwänze - Elke mit Mama 1948

Die *Nesthäkchen*-Reihe von Else Ury war da schon viel fortschrittlicher. Das waren auch zehn Bände, es begann mit *Nesthäkchen und ihre Puppen* und ging über die *Backfischzeit* durch die Ehe bis zum *weißen Haar* und dem Ersten *Weltkrieg*. Die Reihe begann so:

> *Habt ihr schon mal unser Nesthäkchen gesehen? Es heißt Annemarie, ein lustiges Stubsnäschen hat unser Nesthäkchen und zwei winzige Blondzöpfchen mit großen, hellblauen Schleifen. »Rattenschwänze« nennt Bruder Hans Annemaries Zöpfe, aber die Kleine ist ungeheuer stolz auf sie. Manchmal trägt Nesthäkchen auch rosa Haarschleifen und die Rattenschwänzchen als niedliche kleine Schnecken über jedes Ohr gesteckt. Doch das kann es nicht leiden, denn die alten Haarnadeln pieken.*

Das Nesthäkchen heißt Annemarie Braun und hat zwei Brüder, den braven Hans und den frechen Klaus, und sie selbst ist ein wildes, temperamentvolles Mädchen. Im Verlauf der zehn Bände macht sie Abitur und studiert Medizin, der geliebte Vater ist schließlich auch Arzt, wenngleich sie ihr Studium für die Familie natürlich später an den Nagel hängt und eine höchst mittelmäßige Hausfrau wird. Als sie noch Kind ist, gibt es jede Menge Personal, Kindermädchen, Hausmädchen, Köchin, es gibt Tanten und Onkel und die liebe Großmutter.

Ich war neidisch ohne Ende.

Wir hatten drei Zimmer, wovon eines an ein seriöses Fräulein vermietet wurde, weil wir das Geld brauchten. Im Wohnzimmer schliefen die Eltern, auf dem Küchensofa ich, und als mein Vater endgültig wegblieb, hatte ich das Wohnzimmer

Das Nesthäkchen hatte alles – ich war neidisch ohne Ende.

Nesthäkchen und der Weltkrieg: *»Da blinkte manche Träne im rauen Kriegerauge.« Stilistisch ein grausamer Kitsch.*

(immer eiskalt, geheizt wurde nur, wenn Besuch kam, mit einem Heißluft brüllenden Elektromonster namens »Molli«), und meine Mutter zog in die Küche, weil sie abends eh lange dort herumwuselte und für mich vorkochte. Jeden Mittag nach der Schule wärmte ich das Vorgekochte auf und aß es allein, lesend. Was mir nicht schmeckte, kippte ich einfach ins Klo. Das Klo war auf dem Flur, wir teilten es mit anderen Bewohnern, und ein Bad gab es nicht, nur Wasser in der Küche, auch das seriöse Fräulein holte sich da das Wasser in Kannen und Schüsseln. Bei *Nesthäkchen* aber war alles aufs Beste geregelt, ja, da hätte ich auch leicht artiger sein können! Und sie war es nicht mal, sie war alles andere als artig, verdammt, die hatte doch alles?

Der Salon, das Parkett, die schwere Tischdecke, die eins-a-frisierte Mutter im Seidenkleid, das Lockenköpfchen mit Kittel und Lackschuhen - mit meiner Wirklichkeit hatte das alles gar nichts zu tun. Lederhose statt Kittelchen, Linoleum statt Parkett, und meine Mutti schien mir damals schon uralt und verbraucht. Von der Vergangenheit wurde geschwiegen, die Gegenwart wurde beseufzt, die Zukunft strahlte zumindest für das Kind dagegen in hellstem Licht, vorausgesetzt, das Kind war - na, eben *artig*. Als gäbe es Zukunft ohne aufgearbeitete Vergangenheit. Stilistisch sind die *Nesthäkchen*-Bände ein grausamer Kitsch, da wurde uns Kindern allerhand zugemutet. Kleiner gekürzter Auszug aus *Nesthäkchen und der Weltkrieg*, in den frühen Zwanzigerjahren erschienen:

> *Ein wenig schlug den kleinen Mädchen das Herz, als die Verwundeten in ihren blau-weißgestreiften Anzügen jetzt den Saal betraten. Fröhliche Jugend bedrückt Krankheit und Elend. Trotz der Schmerzen aber, die sie erdulden mussten, sahen die bleichen Soldaten zufrieden und dankbar aus. Der deutsche Soldat zeigt nicht nur im Kampfe seinen opferfreudigen Mut, sondern auch dem unerbittlichen Schicksal gegenüber.*

Und nun, es ist Weihnachten, einer der Ärzte setzt sich ans Klavier und spielt *Stille Nacht, heilige Nacht*:

> *Da blinkte manche Träne im rauen Kriegerauge - und keiner schämte sich derselben.*

Mit sowas sind wir aufgewachsen!

Else Urys Biografin Marianne Brentzel schreibt: »Else Ury war eine unpolitische, konservative Frau des deutschen Bürgertums, die mit großer menschlicher Anteilnahme das

Else Ury (1877-1943); von den Nazis ermordet.

Massenelend der Arbeitslosigkeit sah und im Sog der Massenbegeisterung Hitler für eine mögliche Lösung aus der tiefen Staatskrise hielt. Sie hat 1933 die Augen vor der politischen Wirklichkeit verschlossen, wie sie es vor den Geschehnissen im öffentlichen Raum ihr ganzes Leben getan hat. Sie hat einmal mehr der heilen, deutschen Familie ein Denkmal setzen wollen.«[5]

Else Ury war Jüdin, sie wurde 1943 in Auschwitz ermordet, und ihre Biografin Marianne Brentzel fügte der *Nesthäkchen*-Reihe 1992 einen letzten Band mit dem makabren Titel *Nesthäkchen kommt ins KZ* hinzu. Das war aber viel später, davon und vom Leben der Else Ury wusste ich als Kind nichts.

5 Aus: Marianne Brentzel. *Mir kann doch nichts geschehen. Das Leben der Nesthäkchen-Autorin Else Ury.* Ebersbach & Simon 2015.

Ich las diesen Schwulst und nahm alles ernst. Nesthäkchens Mutter ist Hausfrau, der Vater Arzt, man lebt in Berlin-Charlottenburg in der Knesebeckstraße. Als ich Jahrzehnte später in Berlin studierte und die Knesebeckstraße entdeckte, war ich verblüfft, dass es die wirklich gab, und glaubte sofort, dass dann auch alles andere in diesen Büchern gestimmt haben musste!

Überhaupt habe ich mir damals nie Gedanken darüber gemacht, wer diese Bücher geschrieben hat. Ich habe sie einfach gelesen und jedes von ihnen für bare Münze, für eine wahre Geschichte genommen, wie meine Märchen von Grimm, Andersen, Bechstein, wie meine Deutschen Heldensagen, wie die Sagen des Klassischen Altertums: Zuerst einmal war alles wahr. Es gab Drachen, Könige, sprechende Tiere, man konnte leicht in etwas verwandelt werden oder musste sieben Jahre dienen, um die Prinzessin zu befreien. Nur mein eigenes Leben war langweilig, und es dauerte lange, bis ich begriff: Die Phantasie ist das, was uns in den Büchern am Leben hält. Man kann sich Geschichten einfach ausdenken!

In Berlin-Moabit erinnert vor der Solinger Straße 10 ein Stolperstein an Else Ury, die dort gewohnt hatte und 1943 in Auschwitz starb.

Das war der Punkt (ich war zehn oder elf Jahre alt), an dem ich selbst zu schreiben begann, mit Pelikanfüller und grüner Tinte in Vokabelheftchen. Lenchen hieß meine Heldin (mein zweiter Vorname ist Helene). Lenchen war sehr allein und rettete ständig arme Kinder aus brennenden Häusern oder vor bösen Ungeheuern.

»Mach du lieber deine Schularbeiten«, sagte meine Mutter, und meine Lenchen-Romane verschwanden Heftchen für Heftchen ungelesen im gusseisernen Küchenofen.

Also gab ich das Schreiben wieder auf und las *Nesthäkchen*.

Ich las neben *Nesthäkchen* auch die *Trotzkopf*-Bände von Emmy von Rhoden. *Backfischroman* wurde so etwas genannt, wir heranwachsenden Mädchen waren damals auch keine Teenager, sondern eben Backfische, irgendwas Unfertiges, und die Jungen waren Halbstarke. Mädchen konnten nicht halbstark sein.

Der Trotzkopf *von Emmy von Rhoden (1829–1885) gehörte als sogenannter Backfischroman zur Standard-Lektüre heranwachsender Mädchen und ist auch heute noch bekannt.*

Der Trotzkopf hieß Ilse, war Halbwaise und kam frech ins Internat und gut erzogen wieder raus. Emmy von Rhoden, die den Erfolg des ersten Bandes nicht mehr erlebte, hatte eine (gewiss *artige*!) Tochter, Else Wildhagen, die die Geschichte von Trotzkopf als Ehefrau und Großmutter fortschrieb. Mich interessierte aber immer nur die Jugend, und ich frage mich heute, wer denn die anderen Puckis, Nesthäkchen, Trotzköpfe im weißen Haar eigentlich las, in denen die kindliche Heldin erwachsen und angepasst war?

Ich habe auch nie begriffen, wieso alle vier Bände der *Trotzkopf*-Reihe 1962 noch einmal neu aufgelegt wurden. 1962! Da stand die Welt während der Kubakrise am Rande eines Atomkrieges, aber in Deutschland erschien mit allen vier Bänden der *Trotzkopf* von 1885? Versteh einer diese Welt und die Ideen der Verlage.

Als Ilse ins Internat geschickt wird, sagt sie trotzig zu ihrem Vater:

> *Du selbst hast mir ja oft genug gesagt, ein Mädchen brauche nicht so viel zu lernen, das allzu viele Studieren mache es erst recht dumm!*

Und das 1962? Grundguter Himmel.

Ich als Mädel – immer mit einem Buch vor der Nase.

DAS MÄDEL

Es ist aus heutiger Sicht nicht zu begreifen, was für ein Frauen- und Mädchenbild diese Bücher in den Fünfzigerjahren verbreiteten, ich aber, inzwischen vielleicht zwölf Jahre alt, las die Jugendgeschichten dieser Heldinnen und versuchte, irgendetwas für mein eigenes Leben daraus zu ziehen. Ums Frauwerden ging es, Frauen hatten diese Bücher ja für unsereins geschrieben, wo also ging's lang? Es ging komplett in die Irre. Und auch die gute Schweizerin Johanna Spyri mit den Lehr- und Wanderjahren vom erfrischenden Heidi - das kam als Nächstes dran - wies hier keinen Weg. Das (!) Heidi konnte ja nicht mal lesen!

»Lesen kann man nicht lernen, es ist zu schwer«, sagt das kleine Mädchen zur Großmutter, die es ihr dann natürlich doch beibringt.

Was sollte ich damit anfangen? Ich war nicht das Heidi in den unverfälschten Alpen beim herzensguten *Öhi* und dem allerliebsten Geißenpeter, das ins herrliche Tal hinab jodelte. Ich war die hustende Elke in Essen-Rüttenscheid, deren Eltern sich gerade scheiden ließen und die mit zwölf im Münsterland ihre erste Kuh gesehen hatte. Alpen? Wo denn, was denn? Wir schrieben nach den Ferien bei Tante Päule im Sauerland in der Schule Aufsätze mit dem Titel *Rückkehr ins Industriegebiet von außerhalb der Dunstglocke.*

Dennoch liebe ich meine beiden Heidi-Bücher bis heute.

Johanna Spyri (1827–1901) konnte mir mit ihrem Heidi auch nicht den Weg weisen.

Der zweite Band nach Heidis Lehr- und Wanderjahre *(1879) hieß* Heidi kann brauchen, was es gelernt hat *(1881).*

Spätere Generationen hatten das Glück, mit Astrid Lindgren aufzuwachsen. Als deren Bücher erschienen, war ich leider schon zu alt dafür.

Aber ich kenne natürlich die Figuren, die sie erschuf: *Ronja Räubertochter* und *Michel aus Lönneberga*, *Karlsson vom Dach* und *Kalle Blomquist*, *die Kinder aus Bullerbü* und allen voran: *Pippi Langstrumpf*, diese Unerschrockene. Ich habe Astrid Lindgren später allerdings doch noch als wunderbare Autorin kennengelernt, und zwar mit ihrem Buch *Das entschwundene Land*. Es ist ein Buch über ihre Eltern und über das entschwundene Land ihrer eigenen Kindheit, ein Buch, das mich tief berührt hat. Meine Eltern haben immer nur gestritten, aber die Geschichte von Lindgrens Eltern ist eine lebenslange Liebesgeschichte. Das Buch beginnt so:

Meine beiden Heidi-Bände liebe ich bis heute.

Jetzt will ich eine Liebesgeschichte erzählen, keine, die ich gelesen oder mir ausgedacht, sondern nur eine, die ich gehört habe. Oft gehört habe. Darin ist mehr Liebe als in allen, die ich in Büchern fand, und für mich ist sie rührend und schön. Aber das liegt vielleicht daran, dass sie von zwei Menschen handelt, die meine Eltern werden sollten.

Als ich diesen Anfang gelesen hatte, weinte ich schon. Wenn man aufwächst als Kind von Eltern, die sich nicht lieben, die sich bekämpfen, belügen, anschreien, schlagen, die das Kind schlagen in ihrem Elend, in einem Zuhause, das keinen Schutz und keinen Frieden bietet, dann wächst man nicht zu einem starken, glücklichen Menschen heran. Dann tut man sich selbst ein Leben lang schwer mit der Liebe, mit Konflikten, mit dem Bleiben, dann ist der Grundstein für Unruhe, Weglaufen, für Trotz und Härte schon gelegt, und es hat bis weit über mein fünfzigstes Lebensjahr hinaus gedauert, bis ich mich mit den Eltern und vor allem mit mir selbst einigermaßen aussöhnen konnte. Versöhnung wurde bei uns zu Hause nicht gelehrt.

Und Lindgren erzählt nun vom Pfarrhofpächter Samuel August Ericsson, dreizehn Jahre alt, der Hanna Jonsson kennenlernte, neun Jahre alt, und der von da an nichts anderes mehr im Leben sah als immer nur sie. Er musste siebzehn Jahre warten und arbeiten, bis er seine Hanna heiraten konnte, und er nannte sie bis zu ihrem Lebensende, als sie beide alt und glücklich waren, »meine kleine Inniggeliebte«. Astrid Lindgren beschreibt, wie ihre Eltern, weit über achtzig, auf der Bank vor ihrem kleinen Haus sitzen, und Samuel August Hannas Hand hält und sagt: »Meine kleine Inniggeliebte, hier sitzen wir nun, du und ich, und haben's schön.«

Die große Kinderbuchautorin Astrid Lindgren (1907–2002)

In Das entschwundene Land *erzählt Astrid Lindgren die lebenslange Liebesgeschichte ihrer Eltern.*

Hanna starb vor ihm, er wurde 94 Jahre alt und sagte noch auf dem Sterbebett zu seiner Tochter: »Du, Kind, eine solche Mutter, wie du gehabt hast!« Und sie schreibt: »Ja, ganz gewiss habe ich das! Und einen solchen Vater! Mit einem so treu liebenden Herzen, einem bis in den Tod liebenden Herzen!« Und sie schließt ihre wunderschöne Erinnerungsgeschichte mit einem innigen Dank an ihre Eltern, »für alles«.

Gunnar, Astrid, Stina und Ingegerd, so hießen die Ericssonskinder auf Näs. Es war schön, dort Kind zu sein, und schön, Kind von Samuel August und Hanna zu sein. Warum war es schön? Darüber habe ich oft nachgedacht, und ich glaube, ich weiß es. Zweierlei hatten wir, das unsere Kindheit zu dem gemacht hat, was sie gewesen ist – Geborgenheit und Freiheit.

Mich zerreißt es vor Sehnsucht, wenn ich das lese. Und noch etwas anderes lehrt uns die Geschichte, nämlich etwas über Glück. Wir erinnern uns an Faust, den rast- und ruhelosen Mann, der den Pakt mit dem Teufel schließt: alle Freuden, alle Lust auf Erden gegen seine Seele. Aber Lust und Freuden bedeuten nicht Glück. Abgemacht ist, dass Faust verloren sein soll, wenn er Mephisto gegenüber einen glücklichen Augenblick zugibt:

Werd ich zum Augenblicke sagen:
Verweile doch! du bist so schön!
Dann magst du mich in Fesseln schlagen,
Dann will ich gern zugrunde gehn!

Und wann gibt er es zu? Als er die beiden alten Leute, Philemon und Baucis, friedlich vor ihrer Hütte sitzen sieht. Das erträgt er nicht, so viel Frieden, er lässt sie – ja: umbringen, wegschaffen, auch die friedlich läutende kleine Kapelle muss weichen (»Das Glöcklein läutet und ich wüte!«), und doch ist er danach gebrochen, müde, am Ende. Er weiß: Das Glück, nach dem er so gierig strebt, gibt es nicht, weil er es nicht in sich selbst finden kann.

Astrid Lindgrens Eltern trugen so viel Glück, Frieden und Liebe in sich, dass sie ihr Kind damit geradezu beschneien konnten (Walter Benjamin sagt das in *Einbahnstraße* einmal so schön: »... über und über mit Glück beschneit ...«), und dass Lindgren als Schriftstellerin mehr als nur eine Kindergeneration damit beseelen konnte.

Und wenn es in unserm Leben so ein Glück nicht gibt, dann können wir es uns aus den Büchern holen, es ist kein Surrogat, es ist eine Hilfe, eine Kraft. Ich habe das oft genug erfahren.

Mit vielleicht zwölf Jahren stieß ich auf Selma Lagerlöfs *Die wunderbare Reise des kleinen Nils Holgersson mit den Wildgänsen*, 1906 geschrieben. Und da gab es *Sprache*, anders kann ich es nicht sagen. Auf einmal zog mich die Art, *wie* erzählt wurde, tiefer in die Geschichte als das, *was* erzählt wurde. Diese Geschichte des kleinen bösen Nils, der mit den Wildgänsen über sein Land Schweden fliegt und etwas lernt und begreift, diese Geschichte war meine erste wirkliche: Literatur. Die Sprache schlicht, lautmalerisch, einfach, klug – und ich las das wie Musik:

> *Es war einmal ein Junge. Er war ungefähr vierzehn Jahre alt, groß und gut gewachsen und flachshaarig. Viel nütz war er nicht, am liebsten schlief oder aß er, und sein größtes Vergnügen war, irgendetwas anzustellen.*

Pucki und Annemarie und Elke hatten auch allerhand angestellt, aber letztlich waren das Kleinmädchenstreiche.

Selma Lagerlöfs Nils Holgersson *war mein erstes wirkliches Literaturerlebnis.*

Jetzt lernte ich mit Nils Holgersson ein ganz anderes Kaliber kennen, einen Knaben! Und der war *nicht artig*! »Ach, wenn Gott ihm doch die Bosheit austreiben und ihm ein anderes Herz geben würde!«, seufzte die Mutter. »Er bringt schließlich noch sich selbst und uns ins Unglück.«

Und so kommt es auch beinahe: Erst wird Nils zur Strafe in ein kleines Wichtelmännchen verwandelt, dann fliegt er im Gefieder des Gänserichs Martin mit den Wildgänsen davon und sieht die Welt von oben:

> *Und er hatte sich auch noch nie vorgestellt, wie das wäre, wenn man hoch in der Luft dahinflöge. Das war ja gerade, als flöge man weit weg von seinem Kummer und seinen Sorgen und von allen Widerwärtigkeiten, die man sich denken konnte.*

Dieses Buch ist ein Phänomen. Die Schwedin Selma Lagerlöf hatte es im Auftrag des schwedischen Lehrerverbandes als zeitgemäßes Lesebuch für den Heimatkundeunterricht geschrieben. Es erschien 1906 und beschreibt im Rahmen der spannenden Reise des kleinen Nils mit den Wildgänsen nach Norden nicht nur diese und andere Tiere, sondern die ganze schwedische Landschaft, ihre Provinzen, Städte, Eigenarten vom südlichen Schonen bis zum nördlichen Lappland. Parallel dazu wird noch die Geschichte zweier Bauernkinder erzählt, die ihre Mutter durch Tuberkulose verlieren – eine Geschichte über die Armut der Landbevölkerung.

Eingewoben in die packende Erzählung dieser Reise und der Wandlung vom wilden Nils in einen klugen, vernünftigen Jungen (wir haben es mit einem Entwicklungsroman zu tun!) sind Schilderungen von Landwirtschaft, Religion, Kultur, von

Selma Lagerlöf (1858-1940) wurde als erste Frau mit dem Literaturnobelpreis ausgezeichnet. Ihr populärstes Buch war Die wunderbare Reise des kleinen Nils Holgersson mit den Wildgänsen.

Nahrung, Trachten, Volksglauben und Bauernarbeit - es ist ein großes Panorama von Schweden, anschaulich verpackt für Schulkinder, und es wurde ein sensationeller Erfolg auch in anderen Ländern. Schon wenige Jahre nach dem Erscheinen in Schweden war Nils' wunderbare Reise in 30 weitere Sprachen übersetzt und wird bis heute gelesen. Dieses Buch einer Lehrerin, die sich in der Frauenpolitik engagierte und nach 1933 deutschen Juden half, nach Schweden zu fliehen - so rettete sie auch das Leben von Nelly Sachs -, gehört zum Standard der Weltliteratur und war doch ursprünglich ein Lesebuch für kleine Schulkinder. Unvergesslich für mich ist vor allem, dass die Gänse alles, was sie Nils oder sich selbst untereinander zurufen, doppelt sagen, und so höre ich noch heute, wenn im Frühjahr und im Herbst die Wildgänse in ihren wunderbaren Formationen über mein Haus in der Nähe des Rheins fliegen:

»Hier wohnen die Bauern wie Herrenleute! Hier wohnen die Bauern wie Herrenleute!« oder »Fliegt außer Schussweite!

Fliegt außer Schussweite!« oder »Schönen Dank und Gruß! Schönen Dank und Gruß!« Das rufe ich ihnen auch zu, wenn ich sie sehe, und es sind immer sehr glückliche Momente, wenn sie schnatternd heranrauschen. Solange es die Zugvögel noch gibt, ist vielleicht doch noch nicht alles verloren.

Nils wird am Ende wieder vom Wichtelmännchen zurück in einen Jungen verwandelt, und als er die Gänse fliegen sieht, winkt er ihnen zu, aber sie sehen jetzt nur einen ganz gewöhnlichen Menschen in ihm. »Er versteht uns nicht, und wir verstehen ihn nicht!« Und »die Schar zog in regelmäßiger, schöner Ordnung mit starken und kräftigen Flügelschlägen übers Meer. Da ergriff den Jungen eine schmerzliche Sehnsucht nach den Davonziehenden, und es hätte nicht viel gefehlt, so hätte er sich gewünscht, wieder der Däumling zu sein, um mit einer Schar Wildgänse über Land und Meer hinfliegen zu können.«

Unauslöschlich hat sich mir dieses zauberhafte Buch in die Erinnerung gegraben, diese erste Begegnung mit großer Literatur, nach der ich dann endgültig für *Pucki, Trotzkopf, Elke, den Schlingel* verloren war. Man nennt das: Entwicklung. Man verliert etwas, man geht weiter. Ungezielt suchend, denn es gab niemanden, der mich in die Literatur eingeführt hätte.

Selma Lagerlöf wurde übrigens 1909 als erster Frau der Literaturnobelpreis verliehen, »aufgrund des edlen Idealismus, des Phantasiereichtums und der seelenvollen Darstellung, die ihre Dichtung prägen«, so die Begründung.

Lagerlöfs Buch war ein großartiges Fundstück, ansonsten las ich mich durch den Mädchenkram, bis ich etwa elf, zwölf, dreizehn Jahre alt war.

Aber natürlich las ich auch die Märchen, zuerst die der Gebrüder Grimm, die sie, wie ich heute weiß, »nur« verdienstvoll

Wilhelm Grimm (1786-1859) und
Jacob Grimm (1785-1863)

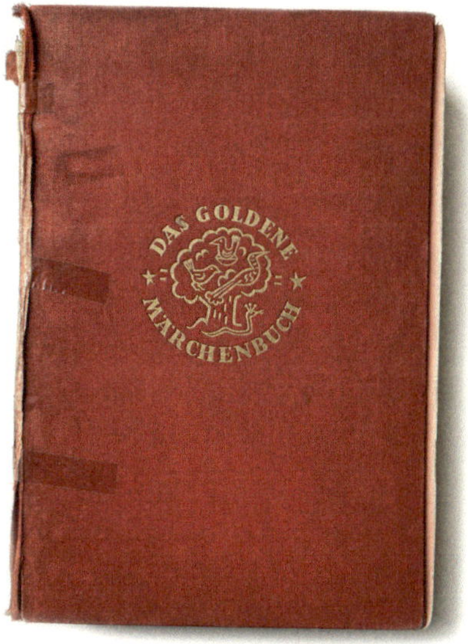

Mein erstes Märchenbuch

aufgeschrieben haben, erzählt hatten sie seit Generationen die Mütter und Großmütter. Die Grausamkeit der Märchen beschäftigte mich sehr, und ich bekam eine Ahnung davon, dass es im Leben viele Prüfungen geben würde, und dass vor allem wir Mädchen lernen mussten, Stroh zu Gold zu spinnen, um unseren Gefängnissen zu entkommen.

Immer wieder werden die Grimm'schen Märchen von Pädagogen und Psychologen auseinandergenommen und verteufelt, irgendwo habe ich sogar gelesen, der Sadismus dieser Märchen habe schon in den Kindern die Saat gelegt, die dann in den Vergasungsstätten der KZs so entsetzlich aufgegangen sei. Was für ein gigantischer Unfug! Kinder lesen Grausamkeiten ganz anders - Bestrafungen sind für sie nur die Bestrafungen, die sie selbst kennen, Schlimmeres malt sich ihre Phantasie nicht aus. Und dass alle Königssöhne, Köhlerskinder, Holzfällertöchter und arme Witwen Prüfungen über sich ergehen lassen müssen, um den rechten Weg zu finden oder erlöst zu werden, ist ein faszinierendes Motiv, dem das Kind sehr gut folgen kann, denn auch seine Welt ist voller Prüfungen und Irrtümer auf dem Weg, der der richtige sein soll. Goethe sagte 1830 in seinen Gesprächen mit Eckermann:

> *Es müsste schlimm zugehen, wenn ein Buch unmoralischer wirken sollte als das Leben selber, das täglich der skandalösen Szenen im Überfluss, wo nicht vor unseren Augen, doch vor unseren Ohren entwickelt. Selbst bei Kindern braucht man wegen der Wirkungen eines Buches oder Theaterstückes keineswegs so ängstlich zu sein. Das tägliche Leben ist, wie gesagt, lehrreicher als das wirksamste Buch.*

Fast immer wird in diesen Märchen ja auch an Güte und Liebe appelliert, immer siegt das Gute, sehr oft sind sprechende Tiere Helfer und Ratgeber. Gerade die Märchen der Gebrüder Grimm sind ein bewundernswert großes, schönes, poetisches Werk. Und wer wären wir denn, wüssten wir nicht von Faladas Leid, wie er da hanget, von Schneeweißchen und Rosenrot, die dem zum Bären verwunschenen Prinzen das Fell zausen, vom Rumpelstilzchen, das sich vor Wut mitten entzweireißt, und von Rapunzel, die ihr Haar herunterlässt! Ein Erwachsener ohne diese Figuren, Bilder, Geschichten wäre doch arm und seltsam kalt.

Und trotzdem: Warteten im Wald des Lebens wirklich nur Wölfe, und nur ein Mann konnte uns verzauberte Prinzessin-

Der große Märchenerzähler Hans Christian Andersen (1805-1875)

nen aus hundert- oder tausendjährigem Dauerschlaf befreien? Irgendwann ging ich diesen Märchen nicht mehr auf den Leim.

Und so wurde ich ganz allmählich reif für die erstaunlichen Autorenmärchen des Dänen Hans Christian Andersen, dieses feinen, zarten Dichters, der mit seiner *Nachtigall* mein Lieblingsmärchen geschrieben hat, die Geschichte von dem kleinen Vogel, der den sterbenden Kaiser mit seinem Gesang zurück ins Leben holt, das Märchen, das mit den unvergesslichen Sätzen beginnt:

> *In China, weißt du wohl, ist der Kaiser ein Chinese, und alle, die er um sich hat, sind auch Chinesen.*
> *Es ist nun viele Jahre her, aber gerade deshalb ist es wert, die Geschichte zu hören, ehe sie vergessen wird!*

Diese Anfangssätze habe ich nie vergessen. Was für ein Zauber liegt darin! Der Zauber, über alle Zeiten und Länder hinaus zu erzählen, »und es ist wert, die Geschichte zu hören, ehe sie vergessen wird!« Und wie wert sie es ist: wurde mir hier doch zum ersten Mal von der lebensrettenden Kraft der Musik berichtet.

Dem scheuen Einzelgänger und geplagten Hypochonder Andersen verdanke ich meine intensivsten poetischen Leseerlebnisse, bei ihm lernte ich, dass Tiere fühlen und sprechen können und dass das Hässliche nicht hässlich, sondern Teil des Ganzen und daher schön ist. »Das Leben ist das schönste Märchen«, schrieb der einsame, rastlose Mann, und in meinen schlimmsten Zeiten dachte ich genau das: Mein Leben ist ein Märchen, ich werde aufwachen, und die Dornenhecke ist weg.

Bei uns zu Hause war es wie im Palast der Schneekönigin:

Hier gab es keine Fröhlichkeit, noch nicht einmal einen kleinen Bärenball, zu dem der Sturm hätte spielen und die Eisbären auf den Hinterbeinen hätten gehen können, um ihr feines Benehmen zu zeigen. Keine kleine Gesellschaft, die Maulklapp und Tatzenschlag spielte; keinen Kaffeeklatsch der Fuchsdamen. Leer, groß und kalt waren die Säle der Schneekönigin. Die Nordlichter leuchteten so klar, dass man sie zählen konnte. Mitten in diesem riesigen leeren Schneesaal war ein zugefrorener See. Er war in tausend Stücke zerbrochen, aber jedes Stück glich dem anderen so sehr, dass es ein richtiges Kunstwerk war. Genau in der Mitte saß die Schneekönigin, wenn sie zu Hause war, und dann sagte sie immer, dass sie im Spiegel des Verstandes sitze, und der sei der einzige und beste auf der Welt.

Genau in der Mitte unserer Küche saß meine bitter gewordene Mutter, wenn sie zu Hause war, und dann sagte sie, ich solle mich auf meinen Verstand verlassen, denn Gefühle seien Schnickschnack, und ich sähe ja an meinem Vater, wohin das führe.

Ach, Andersen! Alles lebt in seinen Geschichten, der Sonnenstrahl, die Möbel, der Zinnsoldat, die Streichhölzer. Der Dichter sitzt am Fenster und lauscht den Störchen und den Schwalben, er kennt die Liebessehnsucht der Nixen und die Tränen des hässlichen Entleins, er ist immer auf Seiten der Schwachen, Gedemütigten. Wobei die Schwachen durchaus auch mal der Kaiser von China sein können. Die Nachtigall singt den todkranken Kaiser von China nicht nur gesund, sie erzählt ihm in ihren Liedern, was in seinem Land vor sich geht, und so kann er seinem Volk ein guter Kaiser sein. Andersen hat mich gelehrt, dass der Tod, der Kummer, das Böse zum Leben dazugehören, er hat mich gelehrt, dass die Musik trösten kann, und er hat mich gelehrt, auf die Stimmen der Tiere zu hören. Ich denke, man kann das als eine Art Herzensbildung bezeichnen, die durchaus zur Bildung eines Menschen dazugehört.

Es folgten die Märchen von Wilhelm Hauff, auch hier war es wie bei den *Sagen des klassischen Altertums* Gustav Schwab, der für eine erste Gesamtausgabe der Werke einschließlich der Märchen sorgte.

Hauff war Hauslehrer in einer Stuttgarter Offiziersfamilie und erzählte seine Märchen vor allem mündlich seinen Zöglingen. Der Einfluss von *1001 Nacht* ist unverkennbar, zum Beispiel bei der *Karawane* oder dem *Scheikh von Alexandria*. Und *Das kalte Herz*! Habe ich beim Lesen später je wieder so weinen müssen wie bei diesem Kunstmärchen, von dem ich natürlich nicht wusste, dass es sich um ein Kunstmärchen handelte. Es war einfach eine jedes mitfühlende Herz zerreißende Geschichte.

Ich entdeckte auch die Volksmärchen von Ludwig Bechstein, einem Bibliothekar und Apotheker - *Vom Hühnchen und Hähnchen, Die drei Nüsse, Goldmarie und Pechmarie* -, und

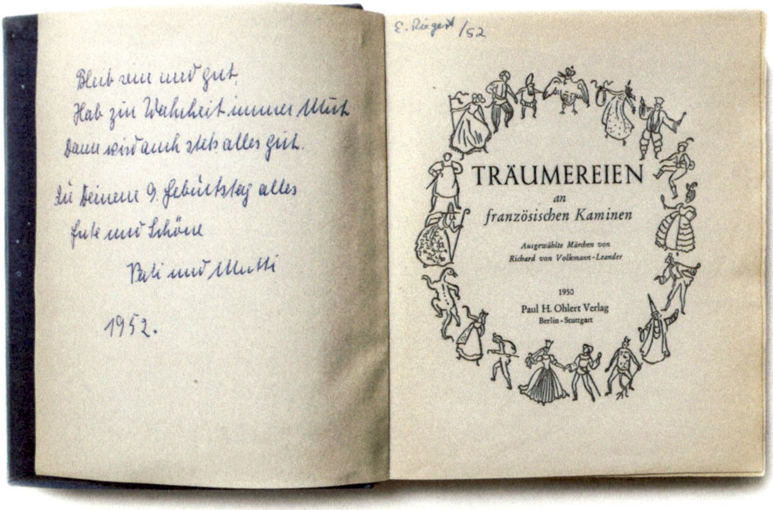

Die Träumereien an französischen Kaminen *des deutschen Schriftstellers und Chirurgen Richard von Volkmann-Leander (1830–1889) schenkten mir meine Eltern zum neunten Geburtstag.*

Richard von Volkmann-Leanders *Träumereien an französischen Kaminen*. Volkmann-Leander schrieb diese Märchen während der Belagerung von Paris im deutsch-französischen Krieg 1870/71 für seine Frau und seine Kinder auf. Bis heute werden sie neu aufgelegt und gelesen. Meine Eltern schenkten mir das schöne Buch 1952 zum neunten Geburtstag.

Darin die Geschichte vom hartherzigen Ritter, der nach und nach verrostete, nur sein Herz rostete nicht, und so konnte er am Ende erlöst werden; oder die Geschichte *Wie sich der Christoph und das Bärbel immer aneinander vorbeigewünscht haben*: Er sitzt hütend bei den Schweinen, sie bei den Gänsen, und der liebe Gott will mal einen Tag lang Liebenden ihre Wünsche erfüllen. Christoph wünscht sich zu den Gänsen, das Bärbel wünscht sich zu den Schweinen.

Zack! So wünscht sich die Liebe immer aneinander vorbei, und diesen Fehler wird der liebe Gott nicht noch mal machen.

Ganz anders wieder und auch berauschend die *Geschichten aus 1001 Nacht*, in denen es Wesire und Kalifen, verschleierte Haremsdamen und Lampengeister gab, eine völlig fremde Welt, denn sieben Zwerge jenseits von sieben Bergen, das konnten wir uns noch vorstellen, aber die Welt der Muslime war nun schon sehr anders, da flogen Teppiche durch die Gegend und Berge öffneten sich und Dämonen trieben ihr Unwesen. Es war die erste Begegnung mit einem anderen großen Teil der Welt und daher ganz wichtig für ein lesendes Kind. Wenn wir später Homer oder Dante lesen können, haben wir hier die erste mühelose Vorübung dazu gehabt.

Ich habe oft das Gefühl, dass mich frühe Kindheitslektüren und ihre versteckten Botschaften durch mein ganzes Leben begleiten. Der französische Historiker und Essayist Paul Hazard wirbt in seinem Buch *Kinder, Bücher und große Leute* leidenschaftlich für Kinderbücher. Er schreibt: »Wenn ihr schönere Blumen wollt, so wirkt auf den Frühling ein.«

Will sagen: Lasst die Kinder lesen, so viel sie können und wollen, lasst sie Bücher lesen, »welche Wahrheiten veranschaulichen, die wert sind, immer zu gelten und alles innere Leben zu beeinflussen: diejenigen, die zeigen, dass selbstlose und treue Liebe schließlich belohnt wird, und sei es auch nur im eigenen Inneren; die zeigen, wie hässlich und gemein Neid, Eifersucht, Gier sind; dass den Menschen, über deren Lippen nie etwas anderes als Bosheiten und

Meine deutschen Heldensagen.

Lügen kommen, schließlich bei jedem Wort Schlangen und Kröten aus dem Munde springen; kurzum, ich liebe Bücher, welche helfen, den Glauben an Wahrheit und Gerechtigkeit zu nähren.«[6]

Und dann, Donner, Krach, Schwerterrasseln, Blut und Rache! *Die deutschen Heldensagen*! Nächte mit roten Ohren habe ich verbracht über der Geschichte von Gunter und Brunhild, Siegfried und Kriemhild, ich war mit dabei, als der »grimme« Hagen enthauptet wurde und das Nibelungengold im Rhein versank, und ich denke mir: Wer diese Sagen nicht kennt, wie kann er dem Rhein irgendetwas Romantisches abgewinnen? Was sagen ihm Städte wie Worms und Xanten? Was nützt das Surfen im Internet, wenn sich keine

6 Aus: Paul Hazard. *Kinder, Bücher und große Leute*. Hoffmann und Campe 1952.

Zusammenhänge herstellen lassen, die das Netz des Wissens in einen tragfähigen Boden verwandeln? *Die deutschen Heldensagen* haben mich über alle Maßen beschäftigt, ich trage meine zerfledderte Ausgabe aus der Droemerschen Verlagsanstalt mit brutal-heroischen Bildern von Arthur Kampf (!) und der kernigen Nacherzählung von Hans Friedrich Blunck noch immer mit mir herum. Siegfried war meine erste große Liebe: »Siegfried heiße ich, antwortete der Recke, niemand sandte mich, ich selbst suchte den Weg!«

Ja, so musste er sein, der Held meiner Träume, und ich fragte meine Mutter: »Hat er sich nicht ganz hart angefühlt, wenn er doch überall aus Hornhaut war?« Und sie sagte: »Wenn es da steht, war es wohl auch so.«

Ohne diese Heldengeschichten, denke ich, kann vieles später nicht verstanden werden. Die ganze grässliche Gralssucherei zum Beispiel. Es ist doch wie mit dem Chinesisch Lernen: Als Kind klappt es mühelos, aber will man es später versuchen, kommt einem der Kopf dazwischen. Als Kind versteht man die Geschichte vom Gral. Später... nun ja. Was Paul Hazard als eine Art Moral beschwört, ist der Respekt vorm Andersartigen, eine Schulung des Mitgefühls, des Mitleidens. Was das noch unverbildete, anrührbare Kind vor Mitleid zum Weinen bringt, kann auch später nie ganz als Unfug abgetan werden; daher auch meine, vielleicht Ihre, unsere Schwierigkeiten mit dem, was sich Christentum nennt. Als Kind habe ich vor dem Einschlafen noch gläubig meine Hände gefaltet, und in meiner Kinderbibel las ich staunend die Geschichten von Adam und Eva, Kain und Abel, der Arche Noah, ich las über Hiob und seine Plagen und Klagen, und diese Geschichten haben mich ergriffen, sie haben mich geprägt und begleitet und mir weit mehr bedeutet als alle Skandale später im verrotteten Vatikan, der einem den Glauben nahm und so wütete wie die Welt in Bachs Kantate Nummer 80.

Es bleibt uns ein Gefühl von Verlust. Als Kinder hätten wir den leidenden Anfortas gefragt, später - wie ja auch Parzival - wohl nicht mehr. Überhaupt, das Fragen! Oft musste man fragen, um weiterzukommen, dann wieder hieß es: Frag du nicht so viel, mach es einfach. Gab die Literatur darauf Antwort? Elsa von Brabant fragte wider das Verbot den geheimnisvollen Schwanenritter nach seinem Namen, und er verschwand für immer aus ihrem Leben: »Elsa von Brabant blieb einsam ein Leben lang. Niemals kehrte der, der sie verlassen hatte, zurück.« Das war sehr verwirrend: Elsa fragte zu viel, Parzival zu wenig. Was denn nun?

Parzival, der zuerst ein tumber Tor ist, fragt den kranken Anfortas auf der Gralsburg nicht nach seinen Wunden. Ich lernte: Aus Mitleid zu fragen ist richtig, in der Liebe aber muss man einfach vertrauen und manchmal nicht zu viel fragen. Aha. Tannhäuser findet kaum aus dem verlockenden Venusberg heraus. (Venusberg? Sehr interessant!) Als er es schließlich doch schafft und nach Rom zur Buße pilgert, verflucht ihn der Papst, Gott aber erlöst ihn. Wir lernen: Gott ist sehr viel gütiger als sein Personal.

Was machen diese Geschichten mit einem lesenden Kind? Unendlich viel. Sie helfen bei der Entwicklung von Empathie, sie lehren Verhaltensweisen, auch unterschiedliche, sie deuten an, dass man sich mit der Machbarkeit oder Nichtmachbarkeit seines eigenen Lebens aussöhnen muss, sonst wird man verrückt. Als ich Jahrzehnte später ein Buch über das Böse schrieb am Beispiel des Schlächters Macbeth, waren diese Gedanken und Erfahrungen aus der

Kindheitslektüre noch immer mein Fundament. Durch diese Geschichten waren mir erstmals Themen wie Schuld, Tragik, Irrtum, Verzweiflung, Erlösung nahegebracht worden. Unschätzbare Lektüre.

Und ohne dieses Personal hätte ich später kaum meine so geliebten Opern verstanden, Wagners *Ring des Nibelungen*, eine einzige Geschichte von Verrat, Gier, Betrug, Mord, Frevel an der Natur, aber letztlich auch: Erlösung, in sechzehn Stunden grandioser Musik erzählt. Was für ein Schatz.

Nach den deutschen Heldensagen kam es noch eine Stufe härter:

Ich begegnete einer mir bis dahin unbekannten Welt - war das nun die Welt der Männerbücher? Was für ein Gemetzel, was für ein Betrügen, Rauben, Bestrafen, wie viel Eifersucht, Neid, Hass, Krieg! Du liebe Güte, und das nach all den herzallerliebsten Puckis, Heidis und Trotzköpfchen. Wo ging es denn nun lang? Nach der Welt der braven Mädchenbücher waren mit diesen Sagen und Mythen Gewalt, Missbrauch,

Gustav Schwab, Die schönsten Sagen des klassischen Altertums, *zum vierzehnten Geburtstag 1957 von Cousine Ulla mit der Widmung geschenkt, sie habe diese Sagen immer sehr gern gelesen.*

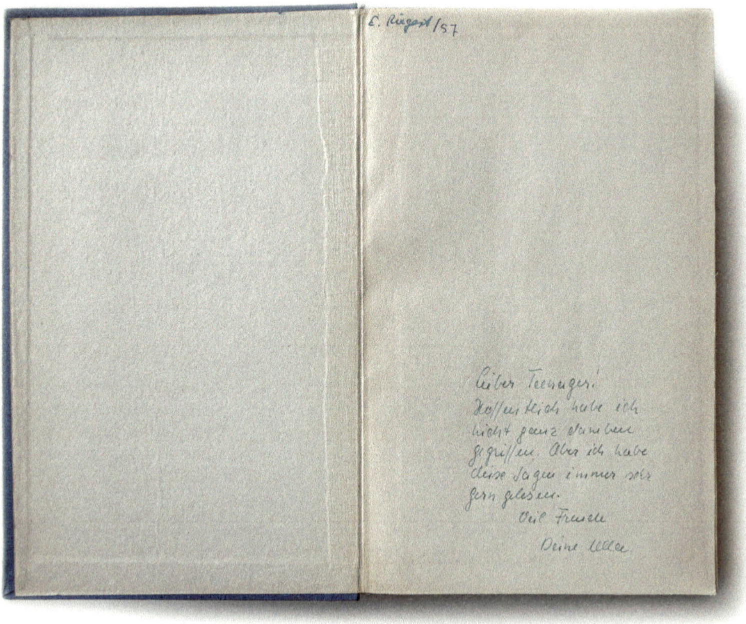

Ulla! Das hast du »gern gelesen«? Immerhin wurde ich endlich mal »Teenager« genannt, und ehrlich gesagt habe ich es auch »gern«, nein: atemlos! gelesen.

Krieg, Inzest, Folterqualen in mein Kinderleben eingebrochen, und ich war ziemlich orientierungslos, mir fehlte ein moralischer Kompass, ohne die Wörter »moralisch« oder »Kompass« auch nur zu kennen.

Staunend las ich von Sisyphos, der täglich einen schweren Stein vergebens und sinnlos den Berg hinaufrollen musste, zur Strafe, weil der den Todesgott Thanatos gefesselt hatte. Er wollte den Tod besiegen und wurde mit ewiger sinnloser Arbeit bestraft. Ich las von Tantalos, der Essen und Wein vom Tisch der Götter stahl, und ihnen, als sie zum Essen kamen, seinen eigenen Sohn als Braten vorsetzte. Was waren denn das für Leute? Tantalos musste zur Strafe ein Leben lang in der Nähe von Wasser dürsten und vor üppig gedeckten Tischen hungern, denn Strafe muss sein! Was ich aber noch spannender fand, war, dass er einen goldenen Hund hatte. Den hatte Pandareos aus einem Tempel gestohlen, es war der goldene Hund, der das Heiligtum des Zeus auf Kreta bewachte. Ein goldener Hund! Und Pandareos war übrigens der Mann, dem die Fruchtbarkeitsgöttin Demeter die Gabe verliehen hatte, so viel essen zu können, wie er wollte, ohne dass ihm jemals schlecht wurde.

Ich konnte nicht aufhören, mich durch diese Sagen zu lesen. Prometheus! Er bringt den Menschen das Feuer, ist doch eine gute Sache, aber Zeus sieht das anders, er lässt ihn zur Strafe im Kaukasus an einen Felsen schmieden, wo ihm jeden Tag ein Adler die Leber wegfrisst, die ihm jede Nacht wieder nachwächst, bis Herakles endlich Mitleid hat und den Adler abschießt. Bis in den Traum haben mich nach all den Nesthäkchen diese Geschichten verfolgt, auf die ich durch nichts vorbereitet war!

Diese Geschichten konfrontierten mich zum ersten Mal wirklich mit Brutalität, Fluch und Vergeltung. Ganz allmählich fing das, was ich las, sich zu decken an mit der Welt, die ich um mich herum sah. In den heilen Mädchenbüchern gab es keine Parallelen, aber in den Heldensagen von Betrug, Gewalt und Verzweiflung durchaus.

In der Schule sahen wir Alain Resnais' Film *Nacht und Nebel*, den Dokumentationsfilm über die Konzentrationslager, wir sahen Auschwitz, Leichenberge, Haare, Zähne, Schuhe, Brillen, wir sahen Erschütterndes, Unvergessliches, wir waren danach keine Kinder mehr. Wir hatten die Unschuld verloren. Größeres Grauen stand in keinen Büchern. Und das hier war gerade erst geschehen. Während wir geboren worden waren.

Wie schlau die alten Griechen waren, sie wussten schon, dass die Leber das einzige Organ ist, das nachwächst.

Die Unschuld unserer Körper aber machte uns zunehmend zu schaffen. Die Mädchenbücher waren ausgelesen und hatten am Ende die Botschaft hinterlassen, dass wir heiraten, Kinder kriegen, Frau sein sollten. Wie aber kam es dazu, wie wurde man denn Frau? Ich begann, mich unter den Halbstarken der Nachbarschaft umzusehen. Gab es da etwas, was man hätte lieben können, was immer das auch sein sollte, die Liebe? Denn so viel konnte man aus all diesen Büchern lernen: Die Kindheit und die Jugend bedeuteten nichts, sie waren nur Durchgangsstadium auf dem Weg zum

Erwachsensein. Uns Kinder und Jugendliche hatte man in den Nachkriegsjahren sehr energisch degradiert und auf die untersten Plätze verwiesen. Stillhalten, brav sein, abwarten, und dann die Hoffnungen und Erwartungen der Eltern erfüllen. So lief das. Und so lief das dann in den Sechzigerjahren ja auch gründlich aus dem Ruder.

Die Liebe (das Wort Sexualität fiel nie!), das war etwas ganz und gar Fatales, Verwerfliches, das hatte gefälligst nicht vorzukommen, und doch waren wir auf der Suche.

Es gab Kläuschen von nebenan, wir spielten furchtlos in den Trümmergrundstücken, und eines Tages, als ich mal nicht mitspielte, sondern im Keller Briketts stapeln musste, da tat es einen mächtigen Knall, und das Kläuschen war zusammen mit den Trümmerresten und einer verirrten Handgranate in die Luft geflogen. Dann gab es Hermann, den Professorensohn, aber der durfte nicht mit mir »gehen«, weil meine Eltern geschieden waren...

Keine gute Familie waren wir also. Die hatten wohl auch all diese Bücher gelesen?

Es fand sich dann doch einer, der mich liebte, küsste und in die Herzklopfmysterien einführte, und von nun an reichten mir keine Mädchenbücher mehr. In der Schule lasen wir *Die Jungfrau von Orleans*, da war rein gar nichts los, auch in Schillers *Räubern* nicht, ein einziges Elend, und Kleists Natalie liebte zwar den Prinzen von Homburg, aber da ging ja auch viel schief, und sie wünschte sich: »O Erde, nimm in deinen Schoß mich auf, wozu das Licht der Sonne länger schau'n!« Das war nicht mein Ding. Ich wollte die Sonne durchaus schau'n, brauchte schärfere Kost, und da kam *Angélique* ins Spiel.

Mit fünfzehn, wohl auf der Suche nach dem Schönen.

DER BACKFISCH

Nennen Sie mir einen lesekundigen Teenager - nein - einen *Backfisch* von damals, der Anne Golons fürchterliche Kitschschinken nicht gelesen hätte. Es gab keinen. Wir lasen das alle. Wir waren es, die die Auflage in die Höhe von 150 Millionen trieben.

Die Französin Anne Golon, die vor den einmarschierenden Nazis auf dem Fahrrad von Toulon nach Spanien flüchtete, schrieb ihren ersten *Angélique*-Roman, der 900 Seiten hatte, als eine Art erotischen Geschichtsroman - gut recherchiert und durchaus deftig. Es wurden insgesamt zwölf *Angélique*-Bände, und ich glaube, fünf davon wurden verfilmt. Die Geschichte zieht sich über fünfundvierzig Jahre hin. Die junge Angélique ist Tochter eines verarmten Adeligen, arm, aber wunderschön, das Mädchen »mit den blaugrünen Augen und dem schweren, goldkäferfarbenen Haar«. Ich stand vorm Spiegel und überlegte: schweres Haar? Wirklich nicht. Eher Vaters Flusen. Aber wenigstens goldkäferfarben? Nein. Auch nicht. Und nicht mal adelig. Nur arm, ach.

Band eins der *Angélique*-Reihe erschien übrigens 1956 zuerst in Deutschland, wo Golons Auflagen immer auch am höchsten waren. Frankreich zog erst ein Jahr später, verblüfft vom Erfolg, nach. Wir sind zur Zeit des Sonnenkönigs am Hofe Ludwigs XIV., und Angélique wird verheiratet mit dem wesentlich älteren Grafen Joffrey de Peyrac, den sie erst mal gar nicht leiden kann: Er ist »verunstaltet«, heißt es im Buch, er ist hässlich, aber er stammt von den Grafen von Toulouse ab, tadelloser Stammbaum, er ist reich, und siehe da, innerhalb kurzer Zeit schafft sie es, sich in ihn zu verlieben. Seine Hässlichkeit macht ihn nur umso männlicher, Narben, aus Kämpfen zurückgeblieben, machen doch erst den Mann! Bin ich deshalb mit siebzehn kurz, wirklich nur ganz kurz, auf einen vernarbten Jurastudenten aus einer schlagenden Verbindung hereingefallen? Wollte ich einen Joffrey mit Narben und markigen Sprüchen wie: »Fuchsmajor, vermisse Zutrunk!« »Corpsbursche, ausspreche Anerkennung!«?

Wir verliebten uns alle in Joffrey de Peyrac, denn das war ein Mann, kein Bubi, durch diese Bücher strömte eine schwüle Erotik, für die wir nun mit vierzehn, fünfzehn äußerst empfänglich waren. *Der Spiegel* attestierte Anne Golon damals ausschweifende Phantasie, enormen Fleiß, dubiosen Geschmack und branchenkundige Kalkulation. Davon hatten wir keine Ahnung, wir lasen mit hochroten Wangen und sehnten uns, litten und liebten, zwölf Bände lang.

Angélique, das Mädchen »mit den blaugrünen Augen und dem schweren, goldkäferfarbenen Haar«.

Anne Golon (1921-2017), Autorin des Weltbestsellers Angélique

Zwölf Bände lang? Nein. Ich glaube, nach Band drei oder vier gab ich auf und las höchstens noch gewisse *Stellen,* Hochzeitsnächte, unglückliche Ehen, aus denen bildschöne Töchter hervorgingen, solche Sachen...

Was für ein gigantischer Schwulst und Schwachsinn, und andererseits, wie schön, so eine schillernde Romanze vor historischen Kulissen in diesem Alter... Das war unser *Harry Potter*. So schrieben, so schreiben nur Frauen. Und das meine ich nicht abwertend. Dieses zuckersüße, leuchtendrot flackernde Stück Herz, dieses Buch als Torte – das kriegen die Kerle so einfach nicht hin.

Die *Angélique*-Bände liehen wir Mädchen uns untereinander aus. Wir waren arm, es gab nicht viele Bücher bei uns zu Hause. Später auf der Universität las ich *Anton Reiser,* einen sogenannten Entwicklungsroman von Karl Philipp Moritz, 1785 erschienen. Ich erkannte mich in dem kränklichen Jungen wieder, der im Elternhaus keine Förderung fand und einen solchen Hunger nach Bildung, nach Geschichten, Wörtern, nach MEHR in sich spürte. Es ist qualvoll, wenn niemand einem weiterhilft, aber ich hatte wenigstens meine Mutter, die früh erkannte, was ich brauchte, und die mich bei aller sonstigen Härte immer darin bestärkte, zu lesen. Zuerst all das, was zu Hause stand - viel war es nicht.

Ich erinnere mich an ein Regalbrett über dem Sofa, darauf ein Lexikon, ein Buch mit ärztlichen Ratschlägen (vor allem für das ständig hustende Kind), der Roman *Brot* von Heinrich Waggerl, 1930 erschienen und dem Geist der Blut-und-Boden-Ideologie durchaus nahe, und *Die Feuerzangenbowle* von Heinrich Spoerl aus dem Jahr 1933, elf Jahre später mit Heinz Rühmann verfilmt. Dann gab es noch *Gute Nacht, Jakob. Ein heiterer Roman aus verklungenen Tagen* von Hans-G. Bentz, ein liebenswerter Roman über einen Jungen und seine zahme Dohle, die Memoiren des Arztes Ferdinand Sauerbruch, *Das war mein Leben*, und zwei Bände Trygve Gulbranssen, *Und ewig singen die Wälder* und *Das Erbe von Björndal*. Das war's schon beinahe zu Hause auf dem Regal überm Sofa.

Die hatte ich bald alle gelesen, außer *Mein Kampf*, das stand da mit Hakenkreuz und Widmung des Standesbeamten für meine Eltern zur Hochzeit 1934. Und dann wunderbarerweise ein Band mit Shakespeares *Sonetten*, weiß der Himmel, wo die herkamen. Ich lernte all die auswendig, die meine Mutter angestrichen hatte, und ich kann sie bis heute, obwohl ich sie mit elf, zwölf Jahren bestimmt nicht begriffen habe, aber irgendwie blieb die Schönheit der Bilder und der Sprache:

Wenn ich bedenke, dass, was immer wächst,
die Höhe nur für Augenblicke hält,
und dass auf dieser Bühne jeder Text
ein Schicksal birgt, das von den Sternen fällt…

Shakespeare! Wie kam meine Mutter, die Näherin war, an einen Band mit Shakespeares Sonetten? Und warum zum Teufel hab ich sie nie danach gefragt?

Ihr Lieblingsbuch aber war *Dreizehnlinden* von Friedrich Wilhelm Weber, ein Versepos über einen Krieg zwischen Franken und Sachsen zur Zeit Ludwigs des Frommen. Es waren einfache Stabreime, sie konnte das ganze Ding auswendig hersagen, und ich konnte es als Kind auch. Da saß sie stundenlang an ihrer Nähmaschine, abends und an den Wochenenden in Heimarbeit, und während es ratterte, sagte sie diese Verse auf:

Wonnig ist's, in Frühlingstagen
Nach dem Wanderstab zu greifen
Und, den Blumenstrauß am Hute,
Gottes Garten zu durchschweifen.

Und ich zitierte mit und wusste manchmal besser als sie, wie es weiterging, aber vielleicht hatte sie auch nur einen Moment gestockt, um mich zu testen:

Halbvergess'ne alte Lieder
Werden wach in meiner Seele:
Hätt' ich nur, sie auszusingen,
wilde Amsel, deine Kehle!

Wenn ich das Buch mit ihren Kommentaren und Strichen und Ausrufungszeichen darin heute in die Hand nehme, zeigt sich mir darin die verletzte Seele meiner Mutter, ihr Hunger nach Liebe, Schönheit, Poesie, den sie in ihrem harten Leben voller Enttäuschungen nicht stillen konnte, aber wenigstens an ihr Kind wollte sie diese Liebe zu den Versen, zur Natur, zu Büchern, zur Musik weitergeben. Sie hat es getan und mich damit letztlich wahrscheinlich stärker und glücklicher gemacht, als wenn sie mir Geburtstagskuchen gebacken oder öfter meine Hand gehalten hätte.

Doch was quillt, das muss zu Tage,
und in langen Winternächten
fuhr ich fort, getrosten Mutes,
einsam Reim an Reim zu flechten.

Meine Mutter las, wenn sie die Ruhe dazu fand. Meinen Vater habe ich nie mit einem Buch in der Hand gesehen. (Dafür hatte er immer ein kleines Fläschchen Sekt in den Manteltaschen seiner wehenden Kamelhaarmäntel.)

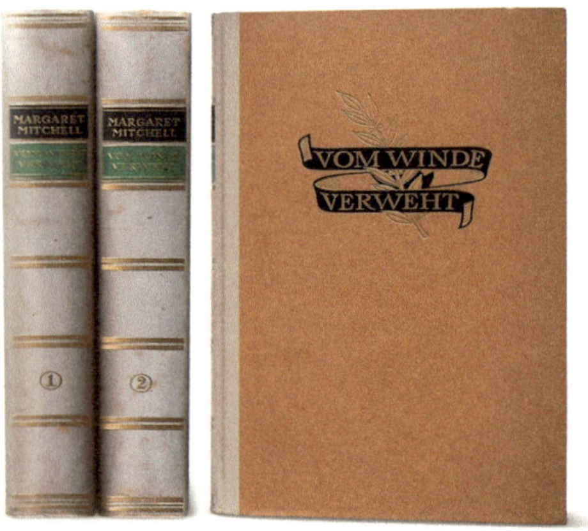

Margaret Mitchells Roman Vom Winde verweht *las ich nicht als eine Liebesgeschichte, sondern als Buch über den Amerikanischen Bürgerkrieg.*

Margaret Mitchell (1900-1949), Autorin eines der meistverkauften Bücher der Welt.

Und dann gab es noch einen Roman auf diesem kleinen Bücherbrett im Wohnzimmer, in dem ich schlief und nachts lange heimlich las, einen Roman, dessen Lektüre mich wieder ein ganzes Stück weiterbrachte: Margaret Mitchells *Vom Winde verweht*. Als ich ihn las, kannte ich den Film noch nicht, ich hatte keine Bilder von Scarlett O'Hara und Rhett Butler, von Vivien Leigh und Clark Gable vor Augen, ich las es nicht als Liebesgeschichte, ich las es als Buch über einen Bürgerkrieg, in dem es um die Abschaffung der Sklavenhaltung ging, und ich war zutiefst beeindruckt.

Die Amerikanerin Margaret Mitchell arbeitete als Journalistin. Als sie Mitte zwanzig war, musste sie zwei Jahre lang wegen einer starken Arthritis in den Beinen zu Hause bleiben. Ihr Mann schenkte ihr eine alte Remington-Reiseschreibmaschine, und in die hackte sie die tausend Seiten ihres gewaltigen Romans, von dem man heute sagt, er sei nach der Bibel das meistverkaufte Buch der Welt.

Mitchell hackte ihren 1.000-Seiten-Roman in diese Reiseschreibmaschine von Remington.

Auf dieser Maschine hat die Autorin das Werk geschrieben, es erschien 1936, wurde mit dem Pulitzerpreis ausgezeichnet und einer der größten Bestseller der amerikanischen Literatur: Millionen verkauft in wenigen Monaten, mehr als dreißig Millionen sollen es bis heute sein. Und dann 1939 der berühmte Film von David O. Selznick, auch einer der erfolgreichsten Filme aller Zeiten, obwohl es da nun wirklich mehr um die Liebe als um Krieg und Sklaverei ging. Um die Liebe ging es im Buch auch, und das hielt mich am Lesen, aber unterschwellig bekam ich eine Menge mit von den politischen Gegebenheiten jener Zeit und begriff, dass Literatur auch Zeitgeschichte sein kann.

Der erste Satz ist einer dieser unvergesslichen ersten Sätze, die wir Bücherliebhaber uns immer wieder erzählen:

»Scarlett O'Hara war nicht eigentlich schön zu nennen.«

Bei Claassen erschien 1996 eine elegante Neuausgabe des Romans in rotem Leinen, Dünndruck, Lesebändchen – so wie wir Fans das lieben! Auf dem Titel natürlich: ein Bild aus dem Film.

In diesem »eigentlich« liegt schon alles, das bedarf eines »Aber«, und der zweite Satz bestätigt das auch sofort:

»Wenn aber Männer in ihren Bann gerieten, wie jetzt die Zwillinge Tarleton, so wurden sie dessen meist nicht gewahr.«

Scarlett riss mit, Männer und Leser, tausend herrliche Seiten weit, und was ist ihr letzter Satz, im Buch wie im Film?

> *Morgen auf Tara will ich über das nachdenken. Dann werde ich es ertragen. Morgen wird mir schon einfallen, wie ich ihn mir wiedererobere. Schließlich, morgen ist auch ein Tag.*

Die Plantage Tara zerstört, das Kind tot, der Mann, der sie so liebte, Rhett Butler, endgültig weg, gerade an einem Punkt, an dem sie endlich begriff, dass auch sie ihn liebte – aber für Scarlett gibt es kein Endgültig, weil immer morgen auch noch ein Tag ist. Wenn man das mit dreizehn, vierzehn Jahren liest, ist es eine starke Botschaft.

Margaret Mitchell wurde keine 50 Jahre alt. Ein betrunkener Taxifahrer überfuhr sie im August 1949. Natürlich liegt sie in Atlanta begraben, dem Schauplatz ihres Welterfolges.

Etwa zu der Zeit, als ich alles gelesen hatte, was es zu Hause gab, begann ich, in Buchhandlungen zu stöbern. Und das erste Buch, das ich mir von meinem ersten Taschengeld kurz vor der Konfirmation 1956 kaufte, war eines der billigen rororo-Taschenbücher, und zwar dieses: *Kleiner Mann – was nun?* von Hans Fallada.

Falada, den kannte ich: Das war in Grimms Märchen von der *Gänsemagd* der gruselige abgeschlagene Pferdekopf über dem Tor, zu dem sie jeden Morgen sagt:

»O Falada, da du hangest!«

Und der Pferdekopf antwortet:

»O du Jungfer Königin, da du gangest,
wenn das deine Mutter wüsste,
das Herz im Leib tät ihr zerspringen.«

Dieser Fallada vom Buch schrieb sich zwar mit zwei »l« und hieß Hans, war also vermutlich kein Pferd, aber ich blätterte und sah, dass auch ein Lämmchen drin vorkam. Ich kaufte, zahlte… Rowohlts Rotations Romane Nr. 1, eine Mark fünfzig. Das war genau die Hälfte meines Taschengeldes, und es war mein erstes selbstgekauftes Buch. Ich glaube, es wurde in eine Papiertüte gesteckt. Es war ein unbeschreibliches Gefühl!

Mein erstes selbstgekauftes Buch:
Kleiner Mann - was nun?
von Hans Fallada (1893-1947)

Noch heute verlasse ich Buchhandlungen mit schweren Tüten und leichtem Herzklopfen, voller Vorfreude auf neue Schätze. Aber dieses Glücksgefühl mit dreizehn Jahren beim ersten Buchkauf, das bleibt unerreicht.

Das Bild außen drauf war ausgesprochen nett, ein bisschen pariserisch, ein blondes Mädchen und ein Mann mit Hut und Fliege auf einer schmiedeeisernen Bank, auf der auch ein rotes Vögelchen saß, die Bäume blühten, in den Häusern ringsum heimeliges Licht - das alles war sehr niedlich und sprach mich an. Die Illustration auf dem Umschlag war von Gisela Pferdmenges, und als ich Jahrzehnte später in Köln in der Pferdmengesstraße wohnte, hielt ich das für einen schönen Zufall und freute mich, dass man nach der Künstlerin eine so lange und wichtige Straße benannt hatte, in der die Linie 6 fuhr. Später begriff ich, dass es da wohl mehr um Adenauers Bankier Pferdmenges ging, dessen Villa in dieser Straße lag. Aber irgendwie, denke ich, wird das schon alles miteinander zusammenhängen.

Auch der Titel klang nicht schwierig: *Kleiner Mann, was nun?* Ich blätterte ein bisschen: ein netter junger Mann, der auf sein Lämmchen wartete. Das waren dann wohl die zwei vom Titelbild. (Ich fing gerade an, mich brennend für nette junge Männer zu interessieren, und hatte noch nicht entschieden, ob ich Lämmchen oder Löwin werden wollte. Ich wurde, falls es Sie interessiert, so etwas Ähnliches wie Katze.)

Und ich las dann zu Hause sehr verwundert eine Geschichte über den Buchhalter Johannes Pinneberg und seine Freundin Emma Mörschel, Verkäuferin und genannt Lämmchen, sie leben in Berlin, heiraten, kriegen einen Murkel und sind arm, aber glücklich. Kein Pferdekopf überm Tor, kein Lämmchen auf der Wiese, ich war verwirrt, aber mich hat die Geschichte tief beeindruckt. Schon das Inhaltsverzeichnis war vielversprechend und geheimnisvoll:

Geschwätz in der Nacht von Liebe und Geld hieß ein Kapitel, ein anderes *Die Ehe fängt ganz richtig mit einer Hochzeitsreise an, aber brauchen wir einen Schmortopf?* und wieder ein anderes *Wie Pinneberg über Freikörperkultur denkt und was Frau Nothnagel dazu meint.*

Zwischen den beiden Kapiteln *Ein Brief kommt und Lämmchen läuft in der Schürze durch die Stadt, um bei Kleinholz zu heulen* und *Frau Mia Pinneberg als Verkehrshindernis. Sie gefällt Lämmchen, missfällt ihrem Sohn und erzählt, wer Jachmann ist*, zwischen diesen beiden fand sich eine Seite, die den Roman unterbrach, und auf der stand:

> *Immer wieder glüht ein kleines Licht auf... Das sind die seligen Augenblicke, in denen sich Pinneberg eine Zigarette anzündet und in denen auch der Leser nach ihr greift. (›Und jetzt kommt das Beste‹, sagt auch Jachmann, der gemütvolle Schuft, bevor er sich dem Rauchen hingibt!) Niemand kann es genau definieren,*

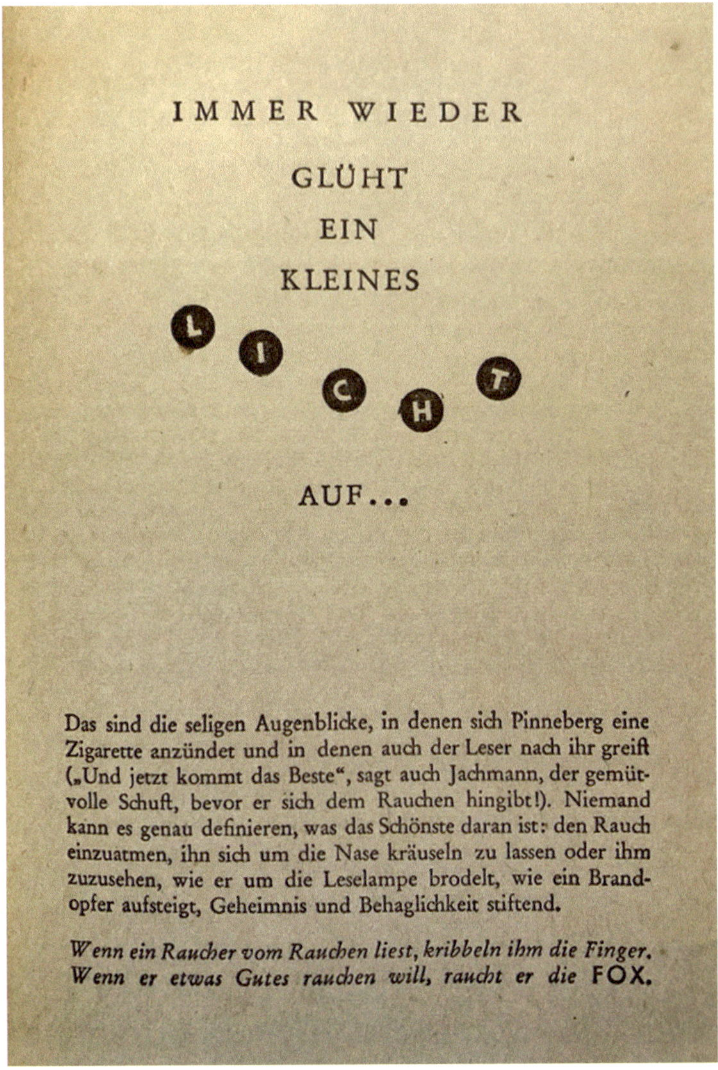

IMMER WIEDER

GLÜHT

EIN

KLEINES

LICHT

AUF...

Das sind die seligen Augenblicke, in denen sich Pinneberg eine Zigarette anzündet und in denen auch der Leser nach ihr greift („Und jetzt kommt das Beste", sagt auch Jachmann, der gemütvolle Schuft, bevor er sich dem Rauchen hingibt!). Niemand kann es genau definieren, was das Schönste daran ist: den Rauch einzuatmen, ihn sich um die Nase kräuseln zu lassen oder ihm zuzusehen, wie er um die Leselampe brodelt, wie ein Brandopfer aufsteigt, Geheimnis und Behaglichkeit stiftend.

Wenn ein Raucher vom Rauchen liest, kribbeln ihm die Finger. Wenn er etwas Gutes rauchen will, raucht er die **FOX.**

Verleger Ernst Rowohlt angesichts der Leserbeschwerden über die Werbeseiten in den rororos: »Ich bin nicht der Reklamechef einer Zigarettenfabrik, aber ich habe diese Seite einer Zigarette verkauft. Seien Sie mir nicht böse deswegen.«

Mich hat diese Werbung überzeugt. Vom Rest meines Taschengeldes kaufte ich mir diese Zigaretten, zwölf Stück für eine Mark.

was das Schönste daran ist: den Rauch einzuatmen, ihn sich um die Nase kräuseln zu lassen, oder ihm zuzusehen, wie er um die Leselampe brodelt, wie ein Brandopfer aufsteigt, Geheimnis und Behaglichkeit stiftend. Wenn ein Raucher vom Rauchen liest, kribbeln ihm die Finger. Wenn er etwas Gutes rauchen will, raucht er die FOX.

Mich hat dieser Text so überzeugt, dass ich mir vom Rest meines Taschengeldes FOX kaufte, zwölf Stück für eine Mark. Aber weil mein Vater NIL rauchte, landete ich bald auch für viele Jahre bei NIL, die ich ihm aus der Packung klaute, das Geld sparte ich lieber für Bücher, und so habe ich, seit ich dreizehn, vierzehn Jahre alt war, viele hundert rororo-Taschenbücher bei vielen hundert NIL-Zigaretten gelesen und immer genau das empfunden: wie herrlich es war, wenn der Rauch aus der Nase stieg und um die Leselampe brodelte, Geheimnis und Behaglichkeit stiftend. Das ist wohl, was meine Generation meint, wenn sie von der guten alten Zeit redet, als man noch rauchen durfte, ja, sogar sollte. Ich hatte lebenslang eine kranke Lunge und hab trotzdem geraucht beim Lesen - ich habe sozusagen im wahrsten Sinne des Wortes *atemlos* gelesen. Und das tue ich mitunter bis heute.

Übrigens haben sich auch damals in den frühen Fünfzigerjahren schon Leser über diese Werbeseiten im Buch beschwert, woraufhin der Verleger Ernst Rowohlt raffiniert-treuherzig konterte: »Ich bin nicht der Reklamechef einer Zigarettenfabrik, aber ich habe diese Seite einer Zigarette verkauft. Seien Sie mir nicht böse deswegen.«

Die ersten 500 Bände der legendären rororo-Taschenbücher stehen in meinem Regal - was für ein Schatz!

Ich habe die Reklamen in den rororos sehr geliebt, schon deshalb, weil sie immer verrieten: Der Fox-Mann und später der Mann mit den Pfandbriefen kennt das Buch, er setzt nicht einfach seinen Werbespruch hier ein, er weiß, was wir gerade lesen, und die Werbung passt dazu. Am tollsten war es bei rororo Nr. 194, Nelson Algren, *Der Mann mit dem goldenen Arm*, in dem es ordentlich um Drogen ging. Da gab es eine Reklame für Mouson Lavendel: »Viel besser als Rauschgift ist für die Stärkung und Erfrischung der Sinne Mouson Lavendel…«

Tante Claire nahm Mouson Lavendel, ich war mit rororo Nr.1 zur Buchkäuferin und zur Raucherin geworden und bin beides immer geblieben, trotz meiner jämmerlichen Lunge. Übrigens habe ich die ersten 500 rororos in meinem Regal noch heute stehen, obwohl ich sie kaum noch lesen kann: die Schrift zu klein, das Papier vergilbt, aber was für ein Schatz!

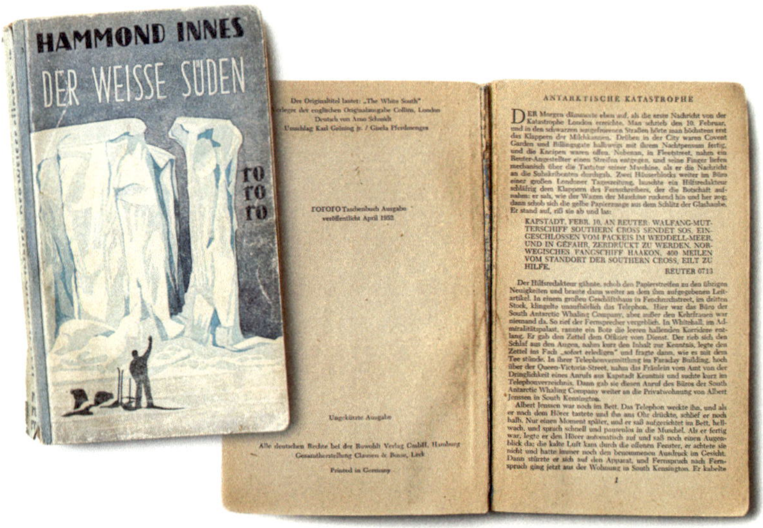

Hammond Innes' Der weiße Süden, *übersetzt von Arno Schmidt, heute eine echte Rarität.*

Bonjour tristesse, *der Roman der achtzehnjährigen Françoise Sagan – wow, der hatte es in sich!*

Es sind tatsächlich auch Kostbarkeiten dabei, etwa die Erstausgabe von Hammond Innes' *Der weiße Süden*, in der Übersetzung von Arno Schmidt – heute, glaube ich, fast nirgends mehr zu kriegen.

1958 war ich fünfzehn Jahre alt, und zu Hause ging alles drunter und drüber.

Ich hatte gerade – natürlich auch im selbstgekauften Taschenbuch, dieses Mal aber Ullstein – *Bonjour tristesse* gelesen, den Roman einer Achtzehnjährigen, Françoise Sagan, wow, der hatte es in sich.

Auch mein Vater scharwenzelte wie der von Cécile, der Heldin im Roman, mit jüngeren Damen herum, auch ich war eifersüchtig und fasziniert gleichermaßen, diese furchtbare Zeit der Pubertät, der Unsicherheit, in der man nicht mehr (artiges) Kind, (keusches) »Mädel« und noch nicht Frau ist, die hatte mich fest in den Krallen, und dann dieses Buch. Die

Françoise Sagan (1935-2004)

junge Françoise Sagan hatte es in nur sieben Wochen geschrieben, in den nächsten fünf Jahren stieg die Auflage auf über fünf Millionen.

Und ich brach jetzt aus allem aus, was Zuhause damals bedeutete, und wie ich das tat. Es ist mir bis heute so schmerzhaft, dass ich auch mit achtundsiebzig Jahren noch immer nicht Genaues davon erzählen kann und mag. Nur so viel: In diesem Jahr 1958 verließ ich mein Zuhause, zog in eine andere Stadt, zu Pflegeeltern, blieb dort bis zum Abitur, studierte, kehrte nie zurück. Aus dem brav lesenden Kind war das schwierige Kind geworden, das sich aus seiner engen Welt endgültig weggelesen hatte.

Nur im Morgengrauen, wenn ich in meinem Bett liege und nichts höre als das Geräusch der Autos in den Straßen von Paris, wird mein Gedächtnis mir manchmal zum Verräter. (...) Dann steigt etwas in mir auf, das ich mit geschlossenen Augen empfange und bei seinem Namen nenne: Traurigkeit - komm, Traurigkeit.

Bonjour tristesse.

Diese Traurigkeit war mir vertraut, dieses wehe Ziehen und Suchen. Der Roman begann mit dem Satz: »Ich zögere, diesem fremden Gefühl, dessen sanfter Schmerz mich bedrückt, seinen schönen und ernsten Namen zu geben: Traurigkeit.« Aber dem Buch vorangestellt war ein Gedicht von Paul Eluard, *La vie immédiate*. Und da hieß es: »Adieu, Tristesse!« Schluss mit den Traurigkeiten, her mit einem neuen Leben.

Mein neues Leben begann 1958, ich war fünfzehn Jahre alt, im Haus der Pflegeeltern in Bonn. Das neue »Elternhaus« war voller Bücher. Sie standen alphabetisch geordnet in hellen Regalen, und ich fing einfach bei A an, weil ich sowieso keine Ahnung von Auswahlkriterien hatte. Damals legte ich mir eine Angewohnheit zu, die ich heute noch habe: Jedes Buch bekommt ungefähr eine Stunde, das sind etwa fünfzig, sechzig Seiten. Dann spricht es zu mir oder es spricht nicht - und ich lege es weg. Es hat sich gezeigt, dass dabei vor allem, als ich jung und unerfahren und wirklich dumm war, unfassbare Irrtümer passiert sind. Jahre später nahm ich oft so ein weggelegtes Buch wieder in die Hand, und dann funkte es, dann erst begriff ich, was ich da las. Aber mit fünfzehn ist man ungeduldig, auf der Suche nach sich selbst, und da ist dann, oder war es zumindest damals für mich, Hannah Arendt einfach nicht die richtige Lektüre. Und Joyce und Proust mit fünfzehn sind so falsch wie die *Häschenschule* mit dreißig.

Um manches zu verstehen, braucht man eine gewisse Erfahrung. Aber ich war jung, ich war hungrig, begierig, ich war zum ersten Mal in einem Haushalt voller Bücher, klassischer Musik, da stand ein Klavier. So gesehen war es das Paradies. In anderer Hinsicht nicht unbedingt, aber das gehört jetzt nicht hierher, und alle Jugendwunden sind verheilt, nur manchmal schmerzen noch die Narben.

Ich las mich also durch, ungeduldig, ahnungslos, wirklich von A bis Z, und natürlich las ich Hesse, Tschechow, Hemingway, Steinbeck, aber ich will mich hier ja erinnern an Bücher von Frauen, die mir halfen, mich in der Pubertät zurechtzufinden, erwachsen zu werden, die mich bis zum Abitur begleiteten – dann verließ ich auch dieses Haus für immer.

Bei Buchstabe C stieß ich auf Colette, zwei Bände: *Chéri* und *Chéris Ende*, im Pfarrhaus! Falsch geschrieben, dachte ich, da fehlt das e an Chérie, aber siehe da: Dieser Chéri war ein Mann, und seine Geschichte war ungeheuerlich. Die französische Schriftstellerin Sidonie-Gabrielle Colette, weltberühmt

Sidonie-Gabrielle Colette (1873-1954)

rororo Nr. 178 - Ich hab es natürlich sofort gekauft.

Und nur ein Jahr später erschien Band 2, rororo Nr. 229.

unter ihrem Nachnamen, ist eine lange unterschätzt gebliebene große Schriftstellerin der französischen Moderne.

Vor allem Frauen hat sie einfühlsam beschrieben, aber in diesem Doppelroman geht es erst mal um einen Mann. Er heißt Fred, ist schön und jung und ahnungslos, und alle nennen ihn zärtlich Chéri. Seine Mutter verkuppelt ihren neunzehnjährigen Sohn mit ihrer weltgewandten und männererfahrenen Freundin Léa, die Mitte vierzig ist. Da soll er lernen: Manieren, Flirten, Weltgewandtheit, Bildung, Kultur, Sex. Er lernt.

Die beiden lieben sich sogar, sie sind sechs Jahre zusammen, Chéri wird unter Léas Anleitung ein Mann von Welt. Und dann kommt es, wie es kommen muss. Er verlässt sie und heiratet, wie ja auch vorgesehen, eine junge hübsche Frau, Edmée, neunzehn Jahre alt wie er zuvor und noch ahnungsloser, und die hat niemand in die große Welt eingeführt. Aber sie ist reich und sie lernt rasch, aus ihrem Leben etwas zu machen.

Und Chéri steht im Grunde nutzlos, schön, überflüssig daneben und langweilt sich tot mit Edmée. Und kehrt zu Léa zurück. Tja, und Léa, die es unerwartet heftig getroffen hatte, dass Chéri sie verließ, Léa hatte nach diesem letzten Liebhaber keine Lust mehr auf enge Korsetts, schwere Parfüms und gefärbte Haare - sie ist jetzt fünfzig und für ihn nun sichtbar eine alte Frau. Die Léa, die er geliebt hat, gibt es nicht mehr. Chéri geht nach Hause und erschießt sich.

Chéris Ende: endlich mal eine Tat in einem ansonsten tatenlosen Leben. Und stilistisch so sicher, so fein ziseliert, so brillant und gnadenlos erzählt, dass nicht nur Marcel Proust und André Gide Colette zu Füßen lagen, auch die sechzehnjährige Elke las atemlos und begierig alles von Colette, was aufzutreiben war - eine Schule des Lebens und der Liebe. Und natürlich kaufte ich mir alle rororo-Taschenbücher von Colette. Vor allem auch die *Claudine*-Reihe, in der es, wie bei mir ja auch, um so etwas wie Selbstfindung ging.

In der Schule musste ich andere Texte lesen. Schiller, Kleist, Brecht. Colette war mein Geheimnis. Aber ich hatte immer großes Glück mit meinen Deutschlehrerinnen. Von der Volksschule über das erste Gymnasium in der Heimatstadt bis zum zweiten in der neuen Stadt - immer waren es großartige Frauen, die meinen Lesehunger erkannten, die mich rechtzeitig mit den richtigen Büchern fütterten. Meine Strafarbeiten waren in Wahrheit Geschenke. Wegen Unruhe, Schwatzens, Romane-unter-dem-Tisch-Lesens bekam ich aufgebrummt: bis Montag *Tonio Kröger* von Thomas Mann lesen und eine Einordnung schreiben, worum es in der Novelle geht! Bis morgen eine Schillerballade auswendig lernen! Bis Donnerstag ein Referat über die *Judenbuche* der Annette von Droste-Hülshoff! Und als ich älter wurde, als es aufs Abitur zuging, ließ mich meine wunderbare letzte Deutschlehrerin einen Aufsatz schreiben über Kriegsgedichte – wie wird der Krieg dargestellt in Gedichten von Gryphius, Heym, Brecht? Bis heute bin ich dankbar dafür, wie sehr sie mich denken, lesen, begreifen lehrten, diese Lehrerinnen, die allesamt »Fräulein« waren, Fräulein Büscher, Fräulein Dr. Rieger, Fräulein Deichen. Ihr habt mein Leben geprägt, ihr habt mir die Bücher zum Lebensglück und zum Beruf gemacht. Die letzte meiner Lehrerinnen ließ mich, weil ich aufsässig war, einen Aufsatz schreiben über den Unterschied zwischen Gesinnungs- und Verantwortungsethik und nahm damit mein erstes Semester Philosophie und Max Weber schon mal unauffällig vorweg, ich habe das erst viel später begriffen, und damals googelte man ja noch nicht nach Namen. Man dachte noch selbst. Sie »bestrafte« mich auch für verbotene Highheels mit der Aufgabe, einen Essay zu schreiben, den ich innerhalb von vier Tagen abzuliefern hatte: »Beschreiben Sie die Unterschiede zwischen Agitation, Propaganda, Reklame und Werbung.« Gibt es heute noch solche Lehrer, solche Aufgaben?

Die Zeit im Haus der Pflegeeltern mit den vielen Büchern und die Zeit an der Schule gaben mir das Rüstzeug für alles, was ich heute mache, für die lebenslange Freude an Auseinandersetzungen, schwierigen Lektüren, am immer Weitermachen. Ich war glücklich, auch wenn ich das damals nicht wusste. Das hat das Glück ja so an sich – wenn es da ist, bemerkt man es nicht.

Während der letzten Jahre auf dem Gymnasium entdeckte ich mit Wucht Gedichte, die ich mit grüner Tinte in viele Kladden schrieb, ich habe diese Hefte natürlich noch immer.

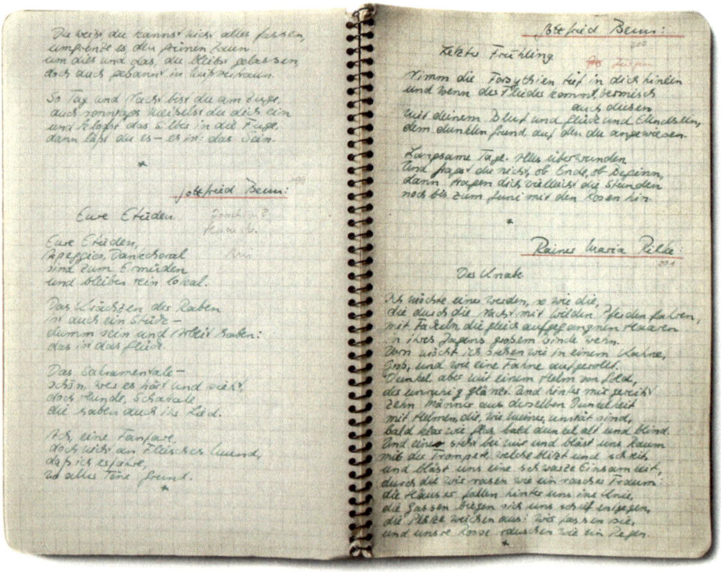

Mit grüner Tinte schrieb ich Gedichte in viele Hefte ab.

Beim Abschreiben lernt man gut auswendig, Mascha Kaléko und Else Lasker-Schüler hab ich immer noch drauf, ist auch einfach: reimt sich. Aber auch wenn ich diesen Dichterinnen bis heute die Treue halte, und auch wenn Anna Achmatowa und die wunderbar zarte Wisława Szymborska mit ihren Gedichten dazukamen – mein Held in Sachen Lyrik war und ist ein Mann, Gottfried Benn, der Arzt mit den melancholisch umflorten Augen. Seine Gedichte trage ich seit mehr als sechzig Jahren mit mir herum in ungebrochener Bewunderung.

Einmal saß ich in der Kneipe mit Rüdiger Safranski, und wir stellten beide unsere Leidenschaft fürs Gedichte Auswendiglernen fest. Wir tranken und zitierten, immer abwechselnd, tranken, zitierten, er ein Gedicht, ich ein Gedicht, wild durch den Garten der Poesie, Mörike, Goethe, Schillers Balladen, Eichendorff, Hofmannsthal, Gryphius, Rilke, dann kamen wir zu Benn, es war Mitternacht, drei, vier faszinierte Zuhörer waren uns geblieben, der Rest fassungslos und angewidert längst gegangen, wir beide im Rausch.

Benn! Rüdiger *Ach, das ferne Land*, ich *Im Namen dessen, der die Stunden spendet*, er *Leben - niederer Wahn*, ich *Einsamer nie als im August*, er *Das gezeichnete Ich*, ich *An der Schwelle hast du wohl gestanden*, er *Chopin* (»*nicht sehr ergiebig im Gespräch*«, ach!), ich *Abschied*, er *Eure Etüden*, er weiter und weiter, gegen zwei Uhr gab ich auf, eine Flasche und eine Stunde später zitierte Rüdiger mit schwerer Stimme, aber textsicher und bravourös noch immer, und mit *Dennoch die Schwerter halten/vor die Stunde der Welt* gaben wir endlich auf, weil die Kneipe schließen wollte. Da half kein Dennoch, die Stunde der Welt war die Sperrstunde. Was für ein Abend! Was für Gedichte, was für Gedanken, was für

Mein Held in Sachen Lyrik: Gottfried Benn (1886-1956)

Wisława Szymborska
(1923-2012)

eine Sprache, was für ein Glück, sich daran zu berauschen! Und jemanden zu treffen, der so besessen war wie ich - auch das ein Glück, ein so großartiger Abend. Unvergessen, Rüdiger. Einer dieser »Weißt du noch?«-Abende, die uns das Altwerden leichter machen.

Ja, die Gedichte. Bis heute begleiten sie mich und erklären mir die Welt oft noch mehr, als es Romane können. Wenn Wisława Szymborska, die kleine alte polnische Dame und wundervolle Lyrikerin, die 1996 für alle Welt überraschend den Literaturnobelpreis erhielt, in ihrem kurzen Gedicht mit dem Titel *Vietnam* nur ein paar Fragen und ein paar Antworten aufs Papier tupft, liegt die ganze Grausamkeit des Vietnamkrieges in diesen wenigen Zeilen.

Vietnam

Wie heißt du, Frau? Ich weiß nicht.
Wo bist du geboren, wo kommst du her? Ich weiß nicht.
Wozu gräbst du dich ein? Ich weiß nicht.
Seit wann versteckst du dich hier? Ich weiß nicht.

Warum hast du mich in den Zeigefinger gebissen?
Ich weiß nicht.
Wir tun dir nichts Böses, weißt du? Ich weiß nicht.
Auf wessen Seite bist du? Ich weiß nicht?
Steht dein Dorf noch? Ich weiß nicht.
Sind das deine Kinder? Ja.[7]

Und in einem anderen Gedicht hinterfragt sie, was das eigentlich ist, Poesie - und fasst die Antwort am Ende so zusammen:

Poesie -
Was aber ist Poesie.
Manch wacklige Antwort ist dieser Frage
bereits gefolgt.
Aber ich weiß nicht, ich weiß nicht.
Ich halte mich daran fest,
wie an einem rettenden Geländer.[8]

Mir wurden die Gedichte damals auch zum rettenden Geländer, die Gedichte und die Musik, und das ist bis heute so geblieben. »Gedichte«, schreibt Christa Wolf in ihrem Buch über Kleist und die Günderrode, *Kein Ort. Nirgends*, »Gedichte sind Balsam auf Unstillbares im Leben«.

Und dann fiel mir ein Roman in die Hände, der geradezu mein Lebensbuch wurde, ein Roman, den ich mit fünfzehn Jahren zum ersten Mal las und staunte: Der handelt ja von mir!

---

7 Aus: Wisława Szymborska. *Hundert Freuden*. Übersetzt von Karl Dedecius. Suhrkamp 1986.

8 Aus: Wisława Szymborska. *Die Gedichte*. Herausgegeben und übertragen von Karl Dedecius. Suhrkamp 1997.

Mit zwanzig während einer langen Krankheit las ich ihn wieder: Da war es ein völlig anderes Buch, es ging überhaupt nicht um mich! Ein Versuch mit Mitte vierzig: wieder ein anderes Buch. Und um zu begreifen, wer eigentlich die Hauptfigur und was in diesem Roman wirklich das Thema war, musste ich sechzig Jahre alt werden. Dabei hat diesen Roman eine schmale, kranke, gerade mal dreiundzwanzigjährige Frau geschrieben: Carson McCullers, *Das Herz ist ein einsamer Jäger*.

Wenn man so jung ist, wie ich es damals war, geht es beim ersten Lesen um die junge Mick Kelly, die Kind einer armen, lauten Familie ist und sich nach Schönheit und Ruhe sehnt. Nachts flüchtet sie in die feineren Wohnviertel, legt sich ins

Mick war ich. Ich sehnte mich auch weg, ich hatte auch nirgends einen Platz für mich.

Carson McCullers (1917–1967)

Gras unter offene Fenster und hört unbeschreiblich schöne Musik von einem »Motzart«, wie sie in ihr Tagebuch schreibt. Mick war ich. Ich sehnte mich auch weg, ich hatte auch nirgends einen Platz für mich. Und einmal schlief ich eine Nacht in Essen-Bredeney unter dem Fenster einer Villa, in der, wie ich gelesen hatte, der Bruder von Gottfried Benn wohnte oder gewohnt hatte.

Als ich älter wurde, las ich den Roman *Das Herz ist ein einsamer Jäger* als die Geschichte der Ehe des unglücklichen Biff Brannon, noch später als die des schwarzen Doktors Benedict Copeland, der unermüdlich für die Rechte der Schwarzen kämpft, so wie Jake Blount, der Säufer, für die der Arbeiter, und erst sehr viel später begriff ich plötzlich, dass die Hauptfigur dieses so klugen Romans der taubstumme Mister Singer ist, zu dem alle kommen und ihre Sorgen erzählen, und er neigt schweigend gütig den Kopf, scheint zuzuhören und versteht doch kein Wort. Der dritte und letzte Teil des Romans spielt an nur einem Tag, dem 21. August 1939. Vielleicht hat die junge Carson McCullers hier an den knapp zwanzig Jahre zuvor veröffentlichen *Ulysses* von James Joyce gedacht, der ja auch an nur einem Tag spielt. In *The Heart is a Lonely Hunter* sehen wir alle Figuren an diesem Tag gescheitert. Blount verlässt nach einer Schlägerei die Stadt, Biff Brannon sitzt traurig in seinem Lokal, seine Frau ist tot, der einsame Mr. Singer hat Selbstmord begangen, der alte Doktor gibt auf und zieht aufs Land, und Mick begräbt ihre Träume und arbeitet als Verkäuferin. Nein, ganz gibt sie nicht auf; sie wird sich ein Klavier kaufen und versuchen, diesen »Motzart« zu spielen...

Was für ein Buch! Ein Buch über Einsamkeit und die Suche nach Glück, welcher Art auch immer, wie auch *Uhr ohne Zeiger*, *Die Ballade vom traurigen Café* oder *Frankie*, wie alles, was diese erstaunliche, unglückliche und mit nur fünfzig Jahren gestorbene Autorin geschrieben hat. Die Lebens- und Arbeitsmaxime der immer kränkelnden Carson McCullers war: Disziplin und Leidenschaft. Arbeiten und Lieben. In dieser Reihenfolge? Ich glaube, ja. Einander bedingend.

Das Buch begleitet mich bis heute. Aber es ist gealtert, es ist nicht ganz einfach zu lesen, es fächert sich nur sehr langsam auf, wirkt manchmal altmodisch... Ich habe es sogar mal eingelesen für ein Hörbuch, das aber, glaube ich, kein Mensch gekauft hat.

Als ich Jahrzehnte später den wunderbaren Auftrag bekam, für ein Luxushotel eine Bibliothek mit zweitausend Bänden einzurichten, waren es Carson McCullers' Bücher, die als erste oben auf meiner Liste standen. Übrigens ging es mit der Auswahl der ersten hundert, vielleicht zweihundert Bücher für diese Bibliothek sehr schnell, dann wurde es schon schwieriger, weil ich mich plötzlich fragte, wie lange Leute in so einem Hotel überhaupt bleiben, was sie sich zu lesen wünschen, so einen dicken Roman werden sie doch niemals angehen! Und da fielen viele Lieblingsbücher auch schon wieder weg, denn ein Hotel ist nur ein Ort auf Zeit, da macht man sich vielleicht an Thomas Manns *Herr und Hund* oder an *Tonio Kröger*, aber bestimmt nicht an den *Zauberberg*. Und will im Hotel jemand Gontscharows über 800 Seiten starken *Oblomow* lesen? Nie im Leben. Aber Nick Hornby, ja, das ist zu machen. Gar nicht so einfach.

Ich stellte natürlich viele Bücher von Frauen ins Regal, alte und neue: Milena Agus und Ilse Aichinger, Isabel Allende und Margaret Atwood, Bettina von Arnim und Jane Austen, Vicky Baum und Simone de Beauvoir, Tania Blixen, Sibylle Bedford und Janes Bowles, und jetzt sind wir erst bei B, und zweitausend Bücher sind viel. Ich glaube, es waren letztlich dann doch mehr Männer als Frauen dabei, ich habe das nie ausgezählt, aber die Liste ging – immer schön alphabetisch – bis zu Anne Tyler und Ljudmila Ulitzkaja, Christa Wolf und Virginia Woolf, Marguerite Yourcenar und natürlich für die Kinder Astrid Lindgren, Hugh Lofting, A. A. Milne, Cornelia Funke und J. K. Rowling.

Natürlich steht in der Hotelbibliothek nicht Simone de Beauvoirs Werk *Das andere Geschlecht* oder ihr großes Buch über *Das Alter*. Aber eine zarte Novelle wie *Ein sanfter Tod* über das Sterben ihrer Mutter, das kann man auch während eines verregneten Hotelaufenthalts lesen, und Vicky Baums grandiose *Menschen im Hotel* gehören dahin wie Anita Brookners *Hotel du Lac*, in dem eine Frau beknackte Hotelgäste unbarmherzig beobachtet und beschreibt. Jeder Gang in den Frühstücksraum wird nach so einer Lektüre zum Vergnügen!

Zwei Hotelgäste, Mutter und Tochter, in »meiner« Bibliothek, mit der Erlaubnis, dieses Bild ins Buch zu nehmen. Man beachte das Loch im Regal oben links – schon wieder eine Gesamtausgabe geklaut! Ich glaube, F. Scott Fitzgerald. Aber gewiss nicht von diesen beiden...

Es hat unendliche Freude gemacht, diese Bibliothek zusammenzustellen, und dass ich dabei vieles richtig gemacht habe, beweist, dass diese Gäste – obwohl überwiegend sehr reich in diesem Luxusressort – Bücher klauen wie die Raben.

Während ich diese Bibliothek einrichtete, zog mein ganzes langes Leseleben an mir vorbei, und ich begriff, wie sehr mich vor allem Bücher von Frauen geprägt haben. Ich habe darüber einmal lange mit Ruth Klüger gesprochen, deren großes Erinnerungsbuch *weiter leben* natürlich auch in »meiner« Hotelbibliothek steht, übrigens schon mehrmals geklaut und immer wieder ersetzt. Das hätte sie gefreut! Sie erzählt darin von ihrer Verschleppung nach Theresienstadt mit zwölf Jahren und von einer Jugend in den Lagern, frei von Pathos, Holocaust-Kitsch und allem Erhabenen, es ist eine Geschichte

Ruth Klüger (1931-2020)

der tiefen Beschädigungen. Dass aus einem Kind, das solche Verletzungen er- und überlebt hat, eine so kluge Lehrerin der Literatur werden konnte, ist ein Wunder und ein Geschenk, für das wir nur dankbar sein können. Sie hat sogar in Deutschland studiert zunächst, später in den USA, wo sie auch lange an Universitäten lehrte. Wie gern hätte ich bei ihr studiert.

Einmal an einem trüben Samstagmorgen lag ich im Bett und hörte im Deutschlandradio Kultur ein Gespräch mit Ruth Klüger. Da kannte ich sie noch nicht persönlich, hatte zu der Zeit aber bereits ihr Buch *weiter leben* gelesen und hörte also interessiert zu. Sie sprach über ihr Leben, sie redete ohne Sentimentalität über die Zeit, die sie als Zwölfjährige in gleich drei verschiedenen KZs verbracht hatte, und am Ende des Gesprächs stellte der Moderator die Frage: »Was bedeutet Glück für Sie?«

Ich hielt den Atem an, um die Antwort dieser Frau mit der brüchigen Stimme und dem immer noch leicht wienerisch gefärbten Einschlag auf diese Frage nicht zu verpassen. Es entstand eine längere Pause, eine Pause, wie sie normalerweise im Radio nicht geduldet und, wenn es keine Live-Sendung ist, sofort herausgeschnitten wird. In meinem Kopf sprangen die Antworten hin und her, die ich selbst vielleicht gegeben hätte. Was ist Glück? Was würde jemand mit einer Biographie wie Ruth Klüger antworten?

Nach einer endlos scheinenden Weile sagte sie: »Glück, das ist Sonne auf der Hoteltapete.« Irgendwo behütet aufwachen, und draußen scheint die Sonne. Was für eine wunderbare Definition von Glück.

Ruth Klüger, die ich geliebt, verehrt und nach ihrem Tod beweint habe, hat sich sehr viel mit lesenden und schreibenden Frauen auseinandergesetzt und oft mit mir darüber gesprochen, weil es ja auch mich umtrieb, dieses Thema. Sie hat einen Aufsatz geschrieben mit dem Titel *Frauen lesen anders*. Sie lesen nicht nur anders, stellten wir in vielen Gesprächen fest, sie schreiben auch anders, ihr Blick auf die Welt unterscheidet sich von dem der Männer, und so sehr ich Thomas Wolfe und Tom Wolfe liebe, Christa Wolf und Virginia Woolf haben mich mehr geprägt - um augenzwinkernd in dieser Namensfamilie zu bleiben. *Schau heimwärts, Engel* von Thomas Wolfe, natürlich sollte man das gelesen haben, es ist ein Jugendkultbuch, eine Abrechnung mit Herkunft und Familie, und die Romane von Tom Wolfe haben mich sehr über Amerika nachdenken lassen - und tun es noch. *Fegefeuer der Eitelkeiten* zeigt ja nur zu deutlich: *Black lives don't matter at all...*

Aber Christa Wolf hat mit *Kein Ort. Nirgends* eines meiner Lebensbücher geschrieben: über das gestörte Verhältnis zwischen dem Künstler und der Gesellschaft, in der er lebt, und die ihn - zumindest im Fall Heinrich von Kleist - nicht atmen, nicht leben lässt. Es ist auch ein Buch über unmögliche

Liebe. Christa Wolf lässt Heinrich von Kleist und die Dichterin Karoline von Günderrode in einem fiktiven Spaziergang zusammen am Rhein entlanggehen. Sie hätten sich leicht treffen können, sie lebten zur selben Zeit und verkehrten in denselben Kreisen, bei den Arnims, Savignys und Brentanos. Und sie gehen und reden über ihren Kummer, er, nicht anerkannt zu sein, sie, eine Frau sein zu müssen, der so vieles verwehrt blieb. Und er denkt: »Wäre das die Frau, vor deren Liebe man keine Angst haben müsste?« Und sie, die Kluge, Sensible, spürt seine Gedanken und sagt: Ach Kleist, »die Berührung, nach der uns so unendlich verlangt, es gibt sie nicht.«

Was für ein Buch! Jeder sollte es lesen, der gefährdet ist, gefährdet wie diese beiden, die sich das Leben nahmen – er mit vierunddreißig und einem Pistolenschuss, sie mit sechsundzwanzig und einem Dolch ins Herz. Solche Bücher haben mir geholfen, durchzuhalten, wenn es ganz dunkel wurde.

Christa Wolfs Kein Ort. Nirgends. *Was für ein Buch!*

Christa Wolf (1929-2011)

Der Günderrode ist es einerlei, ob sie mit einem engstirnigen oder mit einem großmütigen Menschen spricht. Sie sagt, nach ihrer Beobachtung gehöre zum Leben der Frauen mehr Mut als zu dem der Männer. Wenn sie von einer Frau höre, die diesen Mut aufbringe, verlange es sie danach, mit ihr bekannt zu sein. Es sei nämlich dahin gekommen, dass die Frauen, auch über Entfernungen hinweg, einander stützen müssten, da die Männer nicht mehr dazu imstande seien.

Kleist bittet sie, ihm das näher zu erklären, und sie sagt:

Ach Kleist, Sie wissen es doch. Weil die Männer, die für uns in Frage kämen, selbst in auswegloser Verstrickung sind. Ihr werdet durch den Gang der Geschäfte, die euch obliegen, in Stücke zerteilt, die kaum miteinander

»Das Vergangene ist nicht tot; es ist nicht einmal vergangen. Wir trennen es von uns ab und stellen uns fremd.«

zusammenhängen. Wir sind auf den ganzen Menschen aus und können ihn nicht finden.

Die Bücher von Christa Wolf haben mich lange und nachhaltig beschäftigt, sie haben mich über viele Jahre begleitet. Ich habe in ihnen nach Erklärungen gesucht, warum es so schwierig ist mit den Männern und den Frauen, der Liebe, dem Vertrauen, dem Respekt, aber sie hat mir auch geholfen, mir über das komplizierte und so sehr belastete Verhältnis zu meiner Mutter klarzuwerden. Wolfs Roman *Kindheitsmuster* wurde von der Mutter einer Tochter für Mütter und Töchter geschrieben.

»Das Vergangene ist nicht tot; es ist nicht einmal vergangen. Wir trennen es von uns ab und stellen uns fremd.« Mit diesen Sätzen beginnt der Roman, er schildert die Reise zurück in die Kindheit, wo die Erzählerin selbst noch Tochter war und erfuhr, dass Gehorchen und Geliebtwerden einander bedingen - da ist es wieder, das artige Mädchen aus meinen Kinderbüchern, da ist es, das schwierige Mutter-Tochter-Verhältnis, zusätzlich überschattet vom Schweigen über den Krieg, die Schuld, den Nationalsozialismus.

Wie wurden wir, was wir sind? Diese Frage zieht sich als Leitmotiv durch diesen Roman, der durchaus autobiographisch ist. Die junge Christa Wolf nennt sich Nelly Jordan und verknüpft Wahres mit Fiktivem, ihre Kindheit mit der ihrer Tochter, und sie fragt sich angesichts all der Verbrechen, die so gründlich verdrängt wurden: »Brauchen wir Schutz vor den Abgründen der Erinnerung?« Dieses Buch half mir damals, mich den Erinnerungen zu stellen, das Gespräch mit meiner Mutter zu suchen. Das war 1976, ich war dreiunddreißig Jahre alt, meine Mutter achtundsechzig, und sie schwieg weiter, natürlich. Später begegnete mir in Christa Wolfs Erzählung

Virginia Woolf (1882-1941)

Um schöpferisch
zu sein, braucht es
Privatsphäre.

Kassandra der Satz: »Lasst euch nicht von den Eignen täuschen!«

Dieses Schweigen, dieses Täuschen war der Hauptgrund für die Revolten und Explosionen in den Sechzigerjahren, für den Bruch mit der Generation dieser Eltern. Und vielleicht auch der Beginn eigenen schöpferischen Denkens, Schreibens, und dabei half ganz gewiss eine andere Frau, lange vor Simone de Beauvoir: Virginia Woolf.

Virginia Woolf, deren Lektüre oft Geduld und Konzentration verlangt, hat mir mit *A Room of One's Own*, *Ein Zimmer für sich allein* weitergeholfen. Ohne ein eigenes Zimmer, eigenes Geld, eine Privatheit, den Respekt, in Ruhe gelassen zu werden, kann eine Frau überhaupt nicht künstlerisch unabhängig sein. Ein eigenes Zimmer für eigene Gedanken, ohne das geht es nicht, allen von Müttern nachts am Küchentisch geschriebenen Büchern zum Trotz. Frauen, schreibt sie unter anderem in diesem Essay, waren immer nur Gegenstand der Literatur: »Ist Ihnen bewusst, dass Sie vielleicht das am häufigsten abgehandelte Tier des Universums sind?«

Jetzt soll dieses Tier selbst schreiben, schöpferisch werden, dazu braucht es Privatsphäre und materielle Unabhängigkeit. Kein Almosen vom Ehemann, bitte. Das ist nicht so einfach, aber was ist schon einfach, das Leben ist ein ständiges Weitergehen und oft ein Kampf. Mich hat solche Lektüre beflügelt: unabhängig werden, bleiben, immer. Auch wenn der Preis dafür oft hoch ist. Virginia Woolf denkt in ihrem Essay darüber nach, was gewesen wäre, hätte Shakespeare eine ebenso begabte Schwester gehabt. Hätte sie seine Möglichkeiten bei den Theatern, seine Erfolge haben können? Mein Lieblingsabschnitt steht gegen Ende dieses Essays:

> *...und wenn jede von uns fünfhundert* (Anm.: engl. Pfund) *im Jahr hat und ein Zimmer für sich allein; wenn wir an die Freiheit gewöhnt sind und an den Mut, genau das zu schreiben, was wir denken; wenn wir dem gemeinsamen Wohnzimmer ein bisschen entronnen sind und menschliche Wesen nicht immer nur in ihrer Beziehung zueinander sehen, sondern in Beziehung zur Wirklichkeit; (...) wenn wir der Tatsache ins Auge sehen – denn es ist eine Tatsache –, dass es keinen Arm gibt, auf den wir uns stützen könnten, sondern dass wir allein gehen und dass unsere Beziehung eine Beziehung zur Welt der Wirklichkeit und nicht zur Welt der Männer und Frauen sein sollte, dann wird diese Gelegenheit kommen und die tote Dichterin, die Shakespeares*

Schwester war, wird den Körper annehmen, den sie so oft abgelegt hat. Sie wird, wie ihr Bruder das vor ihr tat, ihr Leben aus den Leben der Unbekannten ziehen, die ihre Vorfahrinnen waren, und wird so geboren werden.

Nach dem Abitur natürlich
ein Germanistikstudium.

DIE STUDENTIN

Nach dem Abitur: natürlich ein Germanistikstudium, zunächst in München, dann in Hamburg und Berlin. In München gab Frau Professor Ingrid Strohschneider-Kohrs eine Leseliste von über 200 Büchern vor zum Thema des Seminars: Sturm und Drang. Man kann einige Stücke und Texte aus der Sturm-und-Drang-Epoche (man hatte Ähnliches ja selber gerade knapp hinter sich!) sehr gut lesen: den *Hofmeister* des Jakob Michael Reinhold Lenz, natürlich Goethes *Werther*, Schillers *Kabale und Liebe*, *Don Carlos*, *Die Räuber*, auch Klingers Drama *Sturm und Drang*, das dieser ganzen Epoche am Ende des 18. Jahrhunderts den Namen gab, war noch interessant, bei Klopstock und Gerstenberg wurde es schon ziemlich muffig, aber die Liste der Sekundärliteratur machte das Ganze schier unerträglich. Noch jeder ehrgeizige Germanist hatte eine Abhandlung zum Thema geschrieben, gern schon mal 600 Seiten, und da sollte ich mich jetzt durchquälen, nur um am Ende ein kleines Referat abzuliefern, in dem dann Sätze standen wie: »Das tragische Originalgenie kann seinem Scheitern nur durch Selbstmord entkommen«? Du liebe Güte!

Frauen kommen im Sturm und Drang und noch bis zur Romantik ohnehin nur als unglückliche Geliebte vor, nicht als eigene Schöpferinnen von Literatur. Das heißt, doch, es gab sie, einige wenige, aber sie mussten unter demütigenden Umständen veröffentlichen: anonym, kryptonym, heteronym, pseudonym. Diese Fülle prächtiger Wörter bedeutet: ganz ohne Namen, unter verschleiertem Namen, mit fiktivem Namen und fiktiver Biographie oder gänzlich anderem Namen. Bloß das Wesen Frau durfte möglichst nie zu erkennen sein.

Die Günderrode z.B. nannte sich Tian, Bettina von Arnim schrieb unter dem Namen ihres Bruders, und Dorothea Schlegels Künstlerroman *Florentin* wurde zwar von ihrem berühmten Mann Friedrich Schlegel verlegt und herausgegeben, aber ihr Name erschien nicht auf dem Titel. Als Aurore Dupin vor 180 Jahren ihre Romane schrieb, nahm sie einen Männernamen an, denn man (Mann!) hatte ihr geraten: »Machen Sie keine Bücher, setzen Sie Kinder in die Welt!« Sie nannte sich George Sand, schrieb Bücher *und* setzte Kinder in die Welt. Jane Austen zeichnete ihre Bücher nicht mit ihrem Namen, aber doch immerhin mit »By a lady«. Die drei Schwestern Charlotte, Emily und Anne Brontë veröffentlichten ihre Gedichte gemeinsam unter Currer, Acton und Ellis Bell. Die ersten Bücher von Colette erschienen unter dem Namen ihres Mannes, und Grazia Deledda konnte lange nur unter Pseudonymen veröffentlichen – in den kleinen analphabetischen Dörfern ihrer sardischen Heimat nahm man ihr das Schreiben übel.

Als Agatha Mary Clarissa Miller vier Jahre alt war, trat ihr besorgtes Kindermädchen vor die Mutter hin und sagte: »Ich fürchte, Madam, Agatha kann lesen.« Als Agatha Christie konnte sie nicht nur lesen, sondern wurde eine der berühmtesten und erfolgreichsten Schriftstellerinnen der Welt.

Wer mag, kann sich in dieses triste Kapitel unterdrückter weiblicher Schöpferkraft weiter vertiefen, er wird überall fündig werden, denn vehement stritten die Männer ab, dass eine Frau des Schöpfertums überhaupt fähig sei, und wenn doch, dann bitte in engen Grenzen. Georg Wilhelm Friedrich

Hegel: »Frauen können Einfälle, Geschmack, Zierlichkeit haben, aber das Ideale haben sie nicht.« Der Philosoph Johann Gottlieb Fichte gestand der Frau moralische Schriften für und über Frauen zu, aber nichts, das sich etwa auch an Männer gerichtet hätte, sie sollten doch bitte beim Frauenroman bleiben und um Gottes willen die Finger von Philosophie und Wissenschaft lassen.

Ach, Fichte!

Ach, Hegel!

Hier sind diese großen Denker fast so lächerlich wie der Freiherr von Knigge, der in seiner Sittenlehre *Über den Umgang mit Menschen* 1788 ermahnte:

> *Ich tadle nicht, dass ein Frauenzimmer ihre Schreibart und ihre mündliche Unterredung durch einiges Studium und durch keusch gewählte Lektüre zu verfeinern suche, dass sie sich bemühe, nicht ganz ohne wissenschaftliche Kenntnisse zu sein; aber sie soll kein Handwerk aus der Literatur machen!*

Ja, ist gut. Und damit wir es auch alle verstehen, wir dummen Weiber, führt er aus:

> *Eine Frau, die ein Handwerk aus der Literatur macht, sieht die wichtigsten Sorgen der Hauswirtschaft, die Erziehung ihrer Kinder und die Achtung unstudierter Mitbürger als Kleinigkeiten an, glaubt sich berechtigt, das Joch der männlichen Herrschaft abzuschütteln.*

Ach, dann doch? Joch? Herrschaft? Abschütteln?

Vor dem Hintergrund solcherart männlicher Diskriminierung wird der berühmte Satz der Schriftstellerin Marie von Ebner-Eschenbach von 1893 nur noch treffender: »Als eine Frau lesen lernte, trat die Frauenfrage in die Welt.«

Karoline von Günderrode (1780-1806)

Kein Wunder, dass Karoline von Günderrode, die schreiben, vom Schreiben leben, nicht Hausfrau und Mutter sein wollte, an den Schriften und Gedanken und der mangelnden Unterstützung solcher Männer, solcher Zeitgenossen verzweifelte. »Ich habe keinen Sinn für weibliche Tugenden, für Weiberglückseligkeit«, schreibt sie 1801 an Gunda Brentano, eine Schwester von Clemens. »Nur das Wilde, Große, Glänzende gefällt mir. Es ist ein unseliges, aber unverbesserliches Missverhältnis in meiner Seele; und es wird und muss so bleiben, denn ich bin ein Weib und habe Begierden wie ein Mann, ohne Männerkraft. Darum bin ich so wechselnd und so uneins mit mir.«

In *Kein Ort. Nirgends* von Christa Wolf wird es genau und zart und poetisch auf den Punkt gebracht:

> *Manchmal, sagt Kleist - irgendetwas an dieser Frau entzieht ihm wie ein Magnet die angreifbarsten Geständnisse -, manchmal ist es mir unerträglich, dass die Natur den Menschen in Mann und Frau aufgespalten hat. Das meinen Sie nicht, Kleist. Sie meinen, dass in Ihnen selbst Mann und Frau einander feindlich gegenüberstehen. Wie auch in mir.*

Solche Lektüren, die mich in meinem Leben weiterbrachten, lernte ich nicht auf den drei Universitäten kennen, das musste ich mir selbst zusammensammeln, und es ist, als hätten diese Bücher mich gesucht, sich von mir geradezu finden lassen.

Auf der Universität in München kamen gleich im ersten Semester in der Vorlesung zum »Deutschen Bildungsroman« von Professor Walter Müller-Seidel noch mal 300 Buchvorschläge dazu: Wielands *Geschichte des Agathon*, Eichendorffs

Taugenichts, Goethes *Wilhelm Meister*, Manns *Zauberberg*, Tiecks *Der junge Tischlermeister*, Novalis' *Heinrich von Ofterdingen*, Mörikes *Maler Nolte*, Musils *Mann ohne Eigenschaften*, Hölderlins *Hyperion*, Stifters *Nachsommer*... und so endlos weiter. Sie merken schon: Von Frauen war keine Rede, es gibt keine Frauenbildungsromane. Und dazu Dissertation um Dissertation als Sekundärliteratur. Männer erklären, was Männer über andere Männer geschrieben haben. Man bleibt unter sich.

Wie sollte ich das alles lesen? Wie? Wann? Vor allem aber: *Warum?*

Ich hatte einen Job als Briefträgerin von fünf Uhr früh (Sortieren) bis, wenn ich Glück hatte, zehn Uhr dreißig (Austragen), dann abends zwei Putzjobs. Dazwischen Seminare und Vorlesungen. Ich las die Nächte durch, ich wurde krank, dünn, zwar immer schlauer, aber auch immer elender, und dann gab ich die Putzjobs auf und verdiente hundertfünfzig Mark pro Seminararbeit, die ich für faulere oder blödere Kommilitonen schrieb. *Zeit und Erzählstruktur in Franz Werfels Novelle ›Die Entfremdung‹* – bitte keine Nachverfolgungen, es ist mehr als fünfzig Jahre her, und es waren kleine Proseminararbeiten zu Themen wie *Gottscheds theoretische und praktische Beiträge zu einer Reform des deutschen Theaters* oder *Die dramatische Entfaltung des Vater-Sohn-Motivs bei Ernst Barlach und Walter Hasenclever* oder *Die Rechtsvorstellungen der Droste:* »Die Gerechtigkeit siegt sicher nicht im Sinn einer Erfüllung geschriebenen Gesetzes, sondern in einem hintergründigen, göttlichen Sinn, verbunden mit Naturmagie und Rachedämonen der Judenschaft.« Richtig!, hatte der Professor am Rand vermerkt. Es gab die Note gut und die Anmerkung, dass die wesentlichen Punkte gut erkannt seien, das Ganze jedoch oft zu weitschweifig dargestellt. Mein Freund P. war's zufrieden, eine Stufe weiter im akademischen Leben, und ich konnte mir eine neue Schreibmaschine von dem Geld kaufen.

Ach, das alles war weitgehend nutzloses Zeug, leicht geschrieben, aber eben für je hundertfünfzig Mark, dafür hätte ich lange putzen müssen. *So what.* Bitte nicht zu vergleichen mit komplett abgeschriebenen Doktorarbeiten! Ganz korrekt war das damals nicht, gebe ich zu, aber mich hat es gerettet. Und einmal im Leben will ich es zugeben. Übrigens war ich nicht die Einzige, die sich auf diese Weise etwas Geld dazuverdiente. Es gab ganze Gruppen von Studenten, die für andere die Arbeiten schrieben, gegen Bezahlung. Dramatisch wurde die Sache erst bei den Examen. Da musste man dann allein durch. Tja...

Ich ging für ein Semester an die Universität nach Hamburg, weil es dort ein Kleist-Seminar gab von Professor Karl Ludwig Schneider. Erstens war (und bin!) ich Kleist-Fan, und zweitens war Schneider ein sehr guter Mann, in seiner Jugend hatte er im Widerstand gegen die Nazis zur Weißen Rose Hamburg gehört. Außerdem hielt dort Helmut Thielicke ein Seminar zum Thema »Schuld und Schicksal« ab. Auch Thielicke war ein guter Mann, das wusste ich von meinen Pflegeeltern, die mit ihm befreundet waren. Im Dritten Reich war der Theologe verfolgtes Mitglied der Bekennenden Kirche, viele unserer Professoren damals hatten nicht so eine lupenreine Vergangenheit. Ich fing in Hamburg zum ersten Mal an, über so etwas wirklich nachzudenken. Thielickes Seminar über Schuld war mir wichtig, denn das war ein Thema, das mich umtrieb - nach diesem Krieg, mit diesen Eltern, nach meinen fünf Jahren im Haus der Pflegeeltern, das ein evangelisches

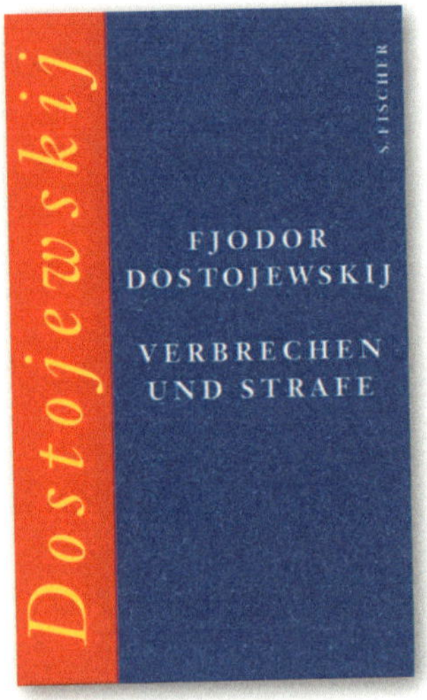

Dostojewskis Roman Verbrechen und Strafe, *neu übersetzt und neu betitelt von der großartigen Swetlana Geier.*

Pfarrhaus war. *Über Schuld und Schicksal redeten wir viel*, und ich war deswegen Jahrzehnte später gut gerüstet für ein schönes Streitgespräch mit der großartigen Swetlana Geier, die Dostojewskis *Schuld und Sühne* neu übersetzt und umbenannt hatte in *Verbrechen und Strafe*.

Ich konnte das nachvollziehen. Es gibt Schuld, die Verbrechen ist und nicht gesühnt werden kann. Trotzdem gefiel mir der alte Titel einfach besser. In früher Jugend wurde die Lust an solchen Disputen im diskussionsfreudigen Pfarrhaus in mir geweckt.

Ich wechselte 1965 von der hässlichen, kalten Uni Hamburg, einem scheußlichen Hochhaus, ich glaube, die Germanistik war im achten oder neunten Stock untergebracht, an die sagenumwobene FU nach Berlin. Zur Germanistik kam die Religionswissenschaft, weil Helmut Gollwitzer, der »Lehrling Luthers«, wie er sich nannte, dort über Nietzsche las. Er war Schüler von Karl Barth, dieser großherzige Mann, der

Swetlana Geier (1923-2010)

mit den aufmüpfigen Studenten diskutierte, der ein Freund Rudi Dutschkes und der Seelsorger von Ulrike Meinhof war, kompromisslos gegen Krieg, Waffen, Aufrüstung, ein Denker der Theologie wie auch der Linken, ein Mann, der den in der Kirche hoch umstrittenen Satz geprägt hat: »Sozialisten können Christen, Christen müssen Sozialisten sein.«

Wir pilgerten geradezu zu diesem Mann, Gollwitzer lehrte uns beides: das Denken und das Fühlen, auch wenn uns das Glauben schon abhandengekommen war.

Ich las und lernte und saugte alles auf. Jetzt las ich auch endlich Hannah Arendt, die im Gegensatz zu vielen Betonköpfen die weltweite Studentenrebellion verstand und guthieß und an Daniel Cohn-Bendit schrieb, sein Vater (ihre Eltern waren in den Dreißigerjahren mit Arendt befreundet) wäre stolz auf ihn gewesen, hätte er dessen Engagement im Pariser Mai 1968 noch verfolgen können. Cohn-Bendit und sein Freund Joschka Fischer haben sich später darum bemüht, dass das Gesamtwerk dieser wirklich außergewöhnlichen Frau endlich

Hannah Arendt (1906-1975)

allen ganz zugänglich gemacht würde. Sie hat ja kein wirklich geschlossenes philosophisches Denkgebäude hinterlassen, sondern eine immer wieder aufregende und neue Sicht auf Gewohntes. Allein ihr Äußeres und ihr Lebensstil waren dazu angetan, sie für uns Studenten interessant zu machen: die Perlenketten, die dicken Hornbrillen, das ständige Rauchen, das Mondäne, die vielen Liebschaften, darunter die mit einem Philosophen, der selbstgeschneiderte Trachtenjoppen trug und so unattraktiv war wie nur was - Martin Heidegger. Ausgerechnet! Die Jüdin Arendt und dieser Heidegger, der - um es vorsichtig zu sagen - zum Nationalsozialismus schon sehr laut geschwiegen hat. Das war schon damals faszinierend. Mich hatte sie mit einem einzigen Satz geködert: »Jeder Mensch steht an einer Stelle in der Welt, an der noch nie ein anderer vor ihm stand.« Und doch plädierte sie für das Miteinander der Menschen, für Pluralität, dafür, dass aus einzigartigen Einzelwesen durch das Aufgeben der eigenen Fremdheit und Einzigartigkeit eine zwar fragile, aber tragfähige Gesellschaft würde. Und natürlich faszinierte uns alle, dass eine Jüdin fünfzehn Jahre nach Kriegsende aus ihrem amerikanischen Exil nach Israel reiste, um für den *New Yorker* den Eichmann-Prozess zu verfolgen, und kein Monster antraf und beschrieb, sondern – viel erschreckender: »Die Banalität des Bösen«, ein Begriff, der eine ganze Generation prägte: meine, die der Achtundsechziger.

Ich las auch Dorothee Sölle, die gesagt hatte: »Theologisches Nachdenken ohne politische Konsequenzen kommt einer Heuchelei gleich. Jeder theologische Satz muss ein politischer sein.« In einem Vortrag in Vancouver sagte sie: »Ich spreche zu Ihnen als eine Frau, die aus einem der reichsten Länder der Welt kommt; einem Land mit einer blutigen, nach Gas stinkenden Geschichte... Reich ist die Welt, in der ich lebe, vor allem an Tod und besseren Möglichkeiten zu töten.«

Das waren die Sätze, die ich damals brauchte. Ich schrieb sie in meine Tagebücher, wo ich sie jetzt noch treffend finde. Und ich blicke heute von meinem Arbeitszimmer in Köln auf Dorothee Sölles Elternhaus.

Dorothee Sölle (1929–2003), Theologin, Dichterin und Vertreterin eines »anderen Protestantismus«.

Simone de Beauvoir (1908–1986)

Den größten Einfluss auf mich hatte damals Simone de Beauvoir, vor allem natürlich ihr epochemachendes Werk *Das andere Geschlecht*. 1949 erschien es zunächst in Frankreich, 1951 auf Deutsch im Rowohlt Verlag. Und immer ist es emanzipatorisch, feministisch gedeutet worden, dabei ist es in erster Linie ein philosophischer Exkurs, es sind phänomenologische Gründe, die die Beauvoir dazu brachten, dieses Buch zu schreiben:

> *Ich habe lange gezögert, ein Buch über die Frau zu schreiben. Das Thema ist ärgerlich, besonders für die Frauen, außerdem ist es nicht neu. Im Streit um den Feminismus ist schon viel Tinte geflossen, zurzeit ist er fast beendet.*

Fast beendet? 1949? Er ist noch lange nicht beendet, und wir lasen das Buch damals durchaus als Bibel des Feminismus. Der wichtigste Satz ist der berühmteste: »On ne naît pas femme: on le devient«, man kommt nicht als Frau zur Welt, man wird es. Das ist ein eher existentialistischer als feministischer Ansatz, aber zum Leitspruch des Feminismus wurde er natürlich.

Das Buch dreht sich um den Unterschied zwischen biologischem Geschlecht und kultureller und sozialer Prägung. Ich habe mich mit den Thesen und auch dem Leben der Beauvoir lange schwergetan, meine Heldin war sie nicht. Aber irgendwann las ich ein sehr kluges Buch von Walter van Rossum über das Paar Beauvoir und Sartre, und da hieß es:

> *Ihr fünfbändiges Memoirenunternehmen, die Geschichte ihres Lebens von der Kindheit bis zu Sartres Tod im Jahre 1980, diente der Ermutigung – nicht nur der Frauen –, neue Wege zu suchen. Sie hat ihr Leben als ein dichtes, glückliches Abenteuer verstanden. Manches hat sie verschwiegen, niemals aber die Abgründe, die Ängste und auch nicht die Phasen des Unglücks. Es gibt wahrscheinlich kein selbstkritischeres Werk über den Kampf und das Glück einer Intellektuellen in diesem Jahrhundert. Ohne jede kokette Geste und mit verblüffender Präzision analysiert sie die Irrtümer, Dummheiten und Durststrecken ihres (und teilweise Sartres) Lebens. (…) Kein Zweifel, Simone de Beauvoir hat sich in dieses unordentliche Ereignis, das Leben, gestürzt, sie hat es geliebt und dabei auf alle Illusionen des Heils verzichtet. Der Kampf der Frauen führte für Simone de Beauvoir nie und nimmer in das Paradies der Weiblichkeit, sondern nur auf die Baustelle der Moderne.*[9]

Mit dieser klugen Einordnung kann ich gut leben.

---

9 Aus: Walter van Rossum. *Simone de Beauvoir und Jean-Paul Sartre. Die Kunst der Nähe.* Rowohlt 1998.

Übrigens sind wir den Texten dieser Frauen auf der Universität nicht begegnet. In den Seminaren ging es vorwiegend um Männer, die ja im Gegensatz zu den Frauen schon ein paar Jahrhunderte schöpferischer Tätigkeit vorweisen konnten. Inzwischen, denke ich, haben wir aber tüchtig aufgeholt.

In Berlin landete ich auch in einem germanistischen Seminar beim berühmten Professor Eberhard Lämmert, dessen komplizierte Dissertation zum Thema »Bauformen des Erzählens« trotz ihrer Schwierigkeit eine Art Bibel für uns Germanisten in den Sechzigerjahren war. Aber Lämmert war ein schwieriger, ein zynischer Lehrer. Ich glaube, es ging in seinem Seminar um die Romantik, und er musterte uns und sagte arrogant: »Die Hälfte von Ihnen wird nach diesem Seminar nicht mehr hier sein.« Ich fand, er tat viel dafür, dass dem auch so war.

Und auch ich verließ 1965 Berlin wieder, zu einer Zeit, als die ersten politischen Demos hochkochten. Der Rektor der FU erteilte im Mai 1965 dem Publizisten Erich Kuby Redeverbot an der Universität, das war der Beginn der Studentenrevolten, diesen Anfang habe ich noch sehr drastisch mitbekommen.

In München war es (vorerst noch) ruhiger. Ich fand ein Zimmer mit Kinderbetreuung – unter den Kindern der spätere Literaturkritiker Gustav Seibt und sein Zwillingsbruder Bernhard – sehr kluge kleine Kerlchen, damals gerade sechs Jahre alt! Ich bin sehr stolz darauf, auf diesen Quirl als Studentin ein, zwei Jahre erzieherisch(!) eingewirkt zu haben. Ich erinnere mich daran, dass ich dauernd vorlesen musste…

Ich selbst hatte bei der Rückkehr von Berlin nach München eine in der DDR preiswert zusammengekaufte Bibliothek der Klassiker im Gepäck: Büchner, Chamisso, Kleist, Hebbel, Herder, Börne, Gryphius, und fünf Bände Fontane, fünf

Bände Lessing, vier Bände Stifter und drei E.T.A. Hoffmann (unter den vielen Klassikern übrigens nur zwei Frauen, die Droste und die Ebner-Eschenbach!). Das alles war ziemlich viel Gepäck für eine Studentin, jetzt musste ich erst mal irgendwo vor Ort bleiben.

Ich fing bei Professor Klaus Lazarowicz meine Doktorarbeit über barockes Theater an, im selben Colloquium wie Botho Strauss, wir schrieben beide unsere Arbeit nicht fertig. Ich glaube, der sehr konservative katholische Lazarowicz war für uns nicht der richtige Doktorvater, vor allem Strauss legte sich ordentlich mit ihm an. Ihm war wohl auch das kreative Schreiben damals schon wichtiger. Ich schwänzte immer öfter und bekam einen Job bei Kindlers Literaturlexikon, wo die Werke der Weltliteratur nach Anfangsbuchstaben aufgelistet beschrieben sind. Ich habe bei Buchstabe L-P mitgewirkt und Spaß an der wissenschaftlichen Arbeit bekommen. Ich wollte eigentlich an der Uni bleiben, vielleicht lehren, mal reinschnuppern, aber dann kam eins zum andern - eine lebensbedrohende Lungenkrankheit, lange Klinikaufenthalte, eine Operation (ich habe danach brav fünfzehn lange Jahre nicht geraucht!), eine überstürzte Studentenehe (nach knapp fünf Jahren freundlich geschieden), die abgebrochene Doktorarbeit, Aufträge vom Funk, die erst nur beim bloßen Überleben halfen, dann Freude machten, Fernsehaufträge nach sich zogen, die Weichen wurden anders gestellt, kein Gottsched, kein Klopstock mehr.

Es entstand ein Berufsleben. Eins ohne Doktortitel zum Leidwesen meiner Mutter, aber eins mit Büchern.

Mein erstes Autogrammfoto, WDR, Achtzigerjahre. Der Fotograf Herman the German lieh mir dafür seine Lederjacke.

DIE JUNGE FRAU

Das Fernsehen sendete im Januar 1970 einen Film von Hellmuth Costard mit dem Titel: *Die Unterdrückung der Frau ist vor allem an dem Verhalten der Frau selber zu erkennen.* Ich saß mit meinem damaligen Mann – eine Studentenehe, wir blieben auch nach der Trennung Freunde – auf dem Sofa, wir guckten zusammen, er sollte am nächsten Morgen im Bayerischen Rundfunk eine Kritik zu dem Film machen.

Es ging um eine Hausfrau, deren Gatte morgens zur Arbeit ging, sie saß noch am Tisch im Morgenrock, trank noch ein Käffchen, räumte dann ab, fegte die Krümel vom Tisch, spülte, machte die Betten, lauter anspruchslose Arbeiten, und das Groteske wurde verstärkt durch einen genialen Kunstgriff Costards. Die Hausfrau war nämlich ein Mann, gespielt von Christoph Hemmerling. Und dadurch, dass ein Mann all diese lächerlichen täglichen Putz- und Aufräumrituale verrichtete, die zwar sein müssen, aber einem Leben keinen Sinn geben, wurde klar: Wenn wir das als Frauen mitmachen, wenn uns das genügt, dann sind wir an unserer Misere selbst schuld. Und uns war auch klar: Den Film musste nicht er besprechen, sondern ich.

Und so stand zur Verblüffung der Redaktion am nächsten Morgen ich im Studio und sagte: »Diesen Film bespreche ich, dazu muss eine Frau was sagen und kein Mann.«

Das war mein erster Rundfunkbeitrag. 1970. Ich war drin. Ich bekam kleine erste Aufträge und war selig. Und dann kam ein Umzug nach Baden-Baden, mein späterer zweiter Mann hatte dort zu tun, und ich ging mit ihm. Ich saß, während er beim Fernsehspiel arbeitete, in einer riesigen, billigen Altbauwohnung mit vier gesperrten, abbruchreifen Balkonen inmitten von Möbeln vom Sperrmüll, aber mit Büchern und mit einer Stereoanlage. Und ich hörte im Südwestfunk täglich den *Pop Shop*, eine Sendung für junge Leute, nur Musik mit Moderationen. Ich meldete mich beim zuständigen Redakteur für einen Termin an – er hieß Walther Krause –, stiefelte in sein Büro und sagte: »Junge Leute hören doch wohl nicht bloß Popmusik, die lesen auch, die gehen auch ins Theater, warum gibt es davon nichts auf Ihrem Sender?« »Weil wir niemanden dafür haben«, sagte er, »dann machen Sie mal.«

Das waren die goldenen Radiozeiten! Ich machte von da an alles, Theaterkritiken, Interviews mit Heintje, Udo Jürgens und Udo Lindenberg und in meinem grässlichen Englisch mit Suzie Quatro und David Coverdale von Deep Purple. Und ich besprach Bücher, jede Woche drei, vier Bücher. Das Marathonlesen, da begann es. Und mein Radioleben begann, das bis heute ja nie ganz aufgehört hat. (Walther Krause wurde mir ein Freund und später mein Klavierlehrer, ein feiner, gebildeter Mann.)

Das erste Buch, das ich 1970 besprach für die damals noch *Pop Shop* genannte Sendung beim Südwestfunk, aus der später unter dem großartigen Peter Stockinger der legendäre Sender SWF3 wurde, war Grace Halsells gerade in den USA erschienenes Buch *Soul Sister, The journal of a white woman who turned herself black* – auf Deutsch: *Ich war eine Schwarze*.

Die amerikanische Journalistin Grace Halsell hatte mit chemischen Mitteln und Perücken eine Verwandlung zur

Grace Halsells investigatives Buch Ich war eine Schwarze. *Ich war zutiefst davon beeindruckt.*

schwarzen Frau hingekriegt und schrieb über ihre deprimierenden gesellschaftlichen Erfahrungen und den alltäglichen Rassismus. Das Buch hatte mich zutiefst beeindruckt, und meine leidenschaftliche Rezension war mein Einstieg in ein ganz neues Leben: das der freien – ja, was? Autorin, Kritikerin, Journalistin, irgendwann für ein paar Jahre Kabarettistin, aber immer: Leserin.

Jetzt war ich in einem Popsender für junge Leute zuständig für die Literatur und legte in einem Maße los, dass sie mich bremsen mussten. Mehr als zwanzig dicke Leitzordner mit Buchbesprechungen stehen auf meinem Speicher, und wenn ich mir das heute anschaue, frage ich mich, ob ich eigentlich immer nur gelesen oder auch gelebt habe. Habe ich. Ich war zweimal verheiratet, zweimal geschieden, habe alle fünf Kontinente bereist, war sehr oft verliebt, habe keine Party ausgelassen, besuchte Theater, Oper, Kino. Aber irgendwann muss ich all das ja gelesen haben, und Lesen ist eine einsame, stille Tätigkeit. Doch ich weiß, ich habe auch gelebt, und wie! Das Lesen fand vorwiegend in den Nächten statt, auf langen Zugfahrten oder Flugreisen und in unzähligen Hotelbetten. Ich hatte auf allen Reisen eine 60-Watt-Glühbirne dabei, denn die Lampen in den Hotels waren und sind leider meist elende Funzeln.

Und so ist es noch immer. Ich lese, ich schreibe, und in diesem Buch möchte ich ja eigentlich vor allem über meine Erfahrungen mit Büchern von Frauen erzählen, vielleicht bin ich da jetzt etwas vom Wege abgekommen. Das liegt an meinen elf oder zwölf Semestern auf Universitäten. Man hat uns schreibende Frauen dort nicht nahegebracht. Ich habe Arbeiten über alle möglichen Schriftsteller abgeliefert, außer der Droste und Hildegard von Bingen war keine Frau darunter. Aber ich fühlte immer, dass mir die Bücher von Frauen mehr sagten, auch wenn die Bücher von Männern oft großartig waren. Ich war für die Gedanken von Frauen empfänglicher und wurde doch nie eine männerverachtende Feministin.

Ich erinnere mich an meinen einzigen, aber gewaltigen Streit mit Alice Schwarzer, als ich für die allererste Ausgabe der *Emma* Anfang 1977 schrieb, über Vasektomie, Sterilisation des Mannes. Sie fuhrwerkte in dem Artikel herum und gab ihm einen aggressiv-kämpferischen Ton und reißerische Kapitelüberschriften, eine Argumentationsrichtung, die ich nicht beabsichtigt hatte. Das machte mich fuchsteufelswild.

Mein Gegenschlag folgte in der *Pardon*, einer von Hans A. Nikel herausgegebenen Satirezeitschrift, mit einem schön bissigen Kasten: *Warum ich nie wieder für Emma schreiben werde.* Habe ich auch nicht, obwohl wir uns wieder vertragen haben. Wir grüßen einander inzwischen wieder freundlich,

Die erste Ausgabe der Emma, Februar 1977

Alice Schwarzer zu Gast in meiner Sendung Lesen!, *2007*

die tapfere Alice und ich. Wir können beide schon mal übers Ziel hinaus schießen. Freundinnen wurden wir nicht. Ihre Lebensleistung, den Kampf für mehr Rechte und Selbstbestimmung für die Frauen, erkenne ich aber hoch an.

Jetzt war ich also beim Radio, und ich rezensierte wie eine Verrückte, kein Hörer (jaja: Hörer*in) wird all das gelesen haben, und doch. Es kamen Zuschriften, Briefe, Lob, Tadel, Buchhändler sprachen mich an, merkten, sie verkauften besser, erste Verlage begannen, meine Sätze auf die Buchrücken zu drucken, ich war sozusagen im Geschäft.

Ich las und besprach alles, wenn es mir nur einigermaßen gefiel. Für Verrisse war mir schon damals die Zeit, der Sende- oder Zeitungsplatz zu schade, und ich habe mich auch nie als Literaturkritikerin empfunden, sondern immer als Vermittlerin zwischen dem Buch und dem Leser, der Leserin.

Ich schrieb für den WDR, den Südwestfunk, den NDR, Radio Bremen, für die ZEIT, den Spiegel, die FAZ, für Literaturzeitschriften und die Schweizer Weltwoche, ich war rundum im Einsatz, verdiente Geld, zuerst wenig, dann immer mehr. Die Honorare wurden üppiger, die Wohnungen größer, die Billy-Regale an- und umgebaut und ergänzt, die Bücher stapelten sich im Flur, auf den Tischen, Stühlen, dem Fußboden, die Bücher waren mein Leben geworden.

Es dauerte lange, bis ich ausmisten, mich trennen, reduzieren, besser auswählen konnte. Der Mangel meiner Jugend schlug zunächst um in einen Lese- und Buchbesitz-Exzess. Heute habe ich kaum noch Bücher aus diesen Jahren in den Regalen, außer den Klassikern und Standardwerken.

Aber der Geschmack änderte sich, ich änderte mich, mein Zugang zur Literatur wurde ein anderer, ich war vielleicht auch nicht mehr so getrieben wie früher, meinen eigenen Weg zu finden. Ich hatte meinen Weg eingeschlagen. Und im Regal standen jetzt natürlich auch Nabokov und Musil, Camus, Sartre, Kundera und Julien Green. Männer übrigens, die mir alle sehr viel Kopfzerbrechen bereiteten.

Und Susan Sontag.

Von ihrem ersten Buch an hat sie mich ergriffen, beeindruckt, begleitet, und während ich an diesem Text hier schreibe, lese ich gerade Benjamin Mosers fabelhafte riesige Biographie über diese schillernde, so kluge, so schöne Frau und das kleine Buch von Sigrid Nunez, *Sempre Susan*, und beide zeigen, wie schwierig und störrisch, ja: wie tief gestört sie auch war.

In ihren Texten findet sich all das: der Glamour und die Arroganz, die Leidenschaft und die Kälte, der Blick auf und in die Welt und die Beschäftigung mit sich selbst. Eigentlich

Susan Sontag (1933-2004). Ist es zu fassen, dass die alte Susan Sontag beim Betrachten solcher Fotos sagte: Ich wusste ja gar nicht, wie gut ich aussah? Und im Ernst: Ich glaube, sie meinte das so. Es war ihr einfach nicht wichtig.

wollte sie immer nur Schriftstellerin sein, Literatin, diese blendend beeindruckende Frau, aber berühmt wurde sie als Essayistin. Ich bin früh auf sie gestoßen, und sie hat mein Denken, Lesen, ja, ich kann sagen: mein Leben verändert, und ich empfand auch keinen Groll, als ich sie Jahrzehnte später kennenlernte, sie war über sechzig, ich über fünfzig, und sie mich unfreundlich und genervt abblitzen ließ. Susan Sontag! Die durfte sich in meinen Augen jede Laune erlauben. Sie hatte mit *Notes on Camp* dem starren Lebensstil der Sechzigerjahre eine subversive, nonkonforme Lebensart entgegengesetzt, sie hat meine Sicht auf Pornographie und Sexualität verändert durch ihre Essays, meinen Blick auf Kunst, mein Verhältnis zu Krankheiten durch ihren großartigen Text *Krankheit als Metapher*, sie hat mich durch *Im Zeichen des Saturn* darauf gebracht, Emile M. Cioran, Walter Benjamin und Antonin Artaud zu lesen.

Sie stellt dieser Essaysammlung ein Zitat aus Becketts *Endspiel* voran. Der blinde, gelähmte Hamm, der tyrannisiert, was von Welt und Menschen nach einer Endzeitkatastrophe noch übrig geblieben ist, sagt: »Ich liebe die alten Fragen. Schwungvoll. Ah, die alten Fragen, die alten Antworten, da geht nichts drüber!«

Sie ironisiert damit sich und ihr Buch, und das ist schön, denn es geht ja immer irgendwie um die alten Fragen, als da wären: Wie können, sollen, wollen wir leben? Wie können, sollen, wollen wir sterben? Warum Faschismus? Erlangen wir Frieden und Harmonie nur dann, wenn wir unser Bewusstsein aufgeben? Können wir das überhaupt, zurück in den Zustand denkerischer Unschuld? Was ist Wahrheit? Ist Wahrheit denkbar?

Sie schreibt über die klügsten europäischen Intellektuellen, die einen Feldzug gegen die Ratio unternommen haben, weil, salopp gesagt, das Denken, das Wissen dem Glück so sehr im Wege steht. Da ist er wieder, Faust, der alles studiert hat, und es hilft ihm nichts, sein Leben ist Qual. Da ist wieder meine Kinderbibel, in der das Paradies verloren ging, als der Mensch wissend wurde. Susan Sontag steigt tief in die düstere Philosophie von Emile M. Cioran ein, beziehungsweise: sie steigt hoch mit ihm, verweilt mit ihm auf *Den Gipfeln der Verzweiflung*, wie sein vielleicht wichtigstes Buch heißt, um dann doch wieder Novalis zu zitieren: »Die Philosophie ist eigentlich Heimweh, Trieb, überall zu Hause zu sein.«

Mir waren solche Gedanken Nahrung, und als ich darüber nachdachte, selbst zu schreiben, war es auch Susan Sontag, die mir in ihrem Essayband *Worauf es ankommt* Fährten legte, denen ich folgen konnte:

Normalerweise kommt vor dem Schreiben das Lesen. Und der Impuls zu schreiben wird nahezu immer vom Lesen ausgelöst. Der Traum, Schriftsteller zu werden, kommt vom Lesen, von der Liebe zum Lesen.

Und sie setzt sich mit dem oft geäußerten Vorwurf auseinander, jeder Schriftsteller schreibe ja letztlich nur über sich selbst. »Doch das stimmt nicht«, sagt sie, »William Trevor spricht von der Kühnheit der *nicht*autobiographischen Phantasie. Warum sollte man nicht ebenso schreiben, um von sich wegzukommen, wie um sich auszudrücken?«

Für mein Schreiben wurde genau diese *nicht*autobiographische Phantasie wichtig, führte viele aufs Glatteis, bescherte mir grotesk sinnlose Interviews zu meinen Büchern mit Menschen, die nie darüber nachgedacht haben, dass Ich ein anderer sein kann. »Ich ist ein anderer«, sagt Arthur Rimbaud. Ich ist eine Erzählhaltung, Ich, das bin nicht ich.

So hat Susan Sontag mich vorsichtig durch allerhand Denkgestrüpp geleitet, auch, als ich plötzlich die Krebsdiagnose bekam, eine Krankheit, mit der auch sie sich über Jahrzehnte immer wieder herumschlagen musste. Sie räumt energisch auf mit der boshaften Unterstellung, an seinen Krankheiten sei man irgendwie selbst schuld.

»Die Anschauung vom Krebs als einer Krankheit aus Mangel an Ausdrucksfähigkeit verurteilt den Krebspatienten:

Susan Sontags Krankheit als Metapher. *Ein Buch, das mir half, anders über meine eigene Krebserkrankung zu denken.*

sie drückt Mitleid aus, lässt jedoch auch Verachtung spüren«, schreibt sie 1977 in *Krankheit als Metapher*, später äußerte sie sich ähnlich über AIDS. Krankheit als Metapher, als ein Vorwurf, etwas falsch gemacht zu haben - damit räumt diese starke, kluge Frau gründlich auf, und mir hat es wirklich geholfen, so zu denken.

Ich hatte einen unglaublichen Welt- und Gedankenhunger, und diesen Hunger hat Susan Sontag, die ihn selbst lebenslang verspürte, gewissermaßen gestillt. Sie hat mich die Furchtlosigkeit gelehrt, Dinge zu Ende zu denken - so könnte ich es vielleicht am besten sagen. Und auch die Furchtlosigkeit, mir Trashfilme, idiotische Serien, kitschige Architektur (Gaudí!), bescheuerte Kunst (Jeff Koons!) anzusehen und sogar zu genießen, denn: es ist gut, weil es schrecklich ist, sagt Sontag. Es gehört einfach dazu.

Mit Susan Sontag kamen auch die Bücher der amerikanischen Frauenbewegung in meinen Kopf und meine Regale – Kate Millett, die so energisch gegen Literatur von Männern wetterte, Betty Friedan, die in *Der Weiblichkeitswahn* mit beißendem Spott auf den Unfug der häuslichen Putzsucht und die Werbeindustrie für Putzmittel hinwies, Germaine Greer, die sich in *Daddy* an ihrem Vater abarbeitete. Auch für mich war das Verschwinden meines lebenslustigen Vaters immer das viel schmerzlichere Thema als die lieblose Mutter, die ich letztlich sogar verstehen konnte. Alle Männer, die ich liebte, maß ich an meinem Vater, keiner konnte neben ihm bestehen, keiner blieb. Mit einiger Rührung und mit Wehmut lese ich heute, im Abstand von ungefähr fünfzig Jahren, was ich damals so dick angestrichen habe: »Frauen sind gern bereit zu glauben, dass sie von Männern geliebt werden, auch wenn alles dagegen spricht.«

In diesen Siebzigerjahren las ich sehr viele Bücher über Emanzipation und Frauenbewegung, alte und neue, strich an, versuchte, mein Leben darin wiederzufinden oder neu zu gestalten. Meine Zwiegespräche mit den Büchern vor allem von Frauen halfen mir mehr als Gespräche mit Menschen.

Während meines Studiums habe ich gelernt, zu recherchieren, zu exzerpieren, auszuwerten, weiter zu suchen, aus schon Vorhandenem mein Eigenes zu destillieren. Das genussvolle Lesen habe ich auf der Universität nicht gelernt, nur den Umgang mit Texten. Ich hatte es mir zum Glück vorher schon selbst beigebracht, es gehörte immer zu meinem Leben. Dass Frauen anders lesen als Männer, musste mich Ruth Klüger später nicht erst lehren, obwohl ihr Aufsatz *Frauen lesen anders* mich überzeugt und bestätigt hat. Sie schreibt:

Alles keine Einbahnstraßen!

Wir Frauen lernen lesen, wie die Männer lesen. Es ist nicht so schwer. Die interessanten Menschen in den Büchern, die als wertvoll gelten, sind männliche Helden. Wir identifizieren uns mit ihnen und klopfen beim Lesen jede Frauengestalt auf ihr Identifikationsangebot ab, um sie meist seufzend links liegenzulassen. Denn wer will schon ein verführtes Mädchen oder ein verführendes Machtweib oder eine selbstmörderische Ehebrecherin oder ein puppenhaftes Lustobjekt sein? Höhenflüge und Abenteuer wollen wir und widmen uns dementsprechend den Männergestalten, denen wir das allgemein Menschliche abgewinnen. Wir werden dadurch aufmerksame Leserinnen, während die meisten männlichen Leser oft wenig anfangen können mit Büchern, die von Frauen geschrieben sind und in denen Frauen die Hauptrollen spielen.

Männer, sagt Ruth Klüger, sind an Büchern von Frauen über Frauen nicht interessiert. Wir lesen Hemingway, aber sie lesen nicht Virginia Woolf. Wir lesen Updike, Roth, Faulkner, Thomas Mann, Fontane, Flaubert, Balzac, sie lesen nicht Sylvia Plath, Annemarie Schwarzenbach, Anne Sexton, Clarice Lispector, Erika Mann, Jane Bowles, Carson McCullers. Es interessiert sie vielleicht nicht, was wir fühlen und denken? Ja, so ungefähr sieht die Welt ja auch aus. Man muss keine Feministin sein, um das festzustellen. Wunderbar und deshalb hier eingefügt Ruth Klügers Interpretation einer Strophe aus Schillers *An die Freude* (»Alle Menschen werden Brüder...« Brüder?!)

Wem der große Wurf gelungen
Eines Freundes Freund zu sein
Wer ein holdes Weib errungen
Mische seinen Jubel ein.

Ich dachte, zur Not könnte es mir ja in ferner Zukunft gelingen, ein holdes Weib zu werden, wiewohl mir diese Aussicht als nicht eindeutig erstrebenswert erschien. Da ich naturgemäß nie in der Lage sein würde, ein solches, nämlich ein holdes Weib, zu erringen, würde ich bestenfalls einen Mann zum Jubeln veranlassen, doch selber mitzujubeln schien mir der Dichter zu versagen, und das in seiner menschheitsumfassenden Versöhnungshymne. Ein Mensch konnte ich offensichtlich nicht sein, nur eines Menschen Weib. Später lernte ich, eine solche Reaktion auf ein großes Gedicht sei kindisch. Ich musste alt werden, um ihre spontane Richtigkeit zu erkennen.

Das bedeutet: Männer lehnen Bücher von Frauen ab, ehe sie sie überhaupt gelesen haben. Es ist also kein Qualitätsurteil, sondern ganz einfach ein Vorurteil: interessiert mich nicht. Und am Ende ihres Essays schreibt Klüger: so gesehen sei der Titel falsch. »Männer lesen anders« müsste es eigentlich heißen.

Lesen als Beruf!

DIE BESTEN JAHRE

Lesen als Beruf! Ich tat das, was ich am liebsten tat, und wurde bezahlt dafür, darüber zu reden oder zu schreiben. Man muss lernen, gut auszuwählen, also sich gar nicht erst in Büchern zu verlieren, die sich im Nachhinein als nicht vorschlagbar erweisen: zu blöde Geschichte, zu windig recherchiert, uninteressant, sprachlich holperig – man muss das früh erkennen und dann aussortieren. Es fällt mir immer noch schwer, ein einmal angefangenes Buch aus der Hand zu legen, aber ich kann es jetzt und ich mache es auch, denn wenn nichts an dem Buch mich anspricht, wie soll ich es dann anderen vermitteln? Und es gibt kein Muss beim Lesen. Es gibt keinen Kanon, auch wenn immer wieder Kanons aufgestellt werden. Natürlich von Männern.

Die größte Hilfe bei der Frage, was ich wie und von wem lesen soll, fand ich bei Virginia Woolf in einem Vortrag, den sie 1926 in einer Mädchenschule hielt und den sie später zu dem Essay *Wie sollte man ein Buch lesen?* umarbeitete:

> *Machen Sie Ihrem Autor keine Vorschriften; versuchen Sie, er selbst zu werden. Seien Sie sein Mitarbeiter und Komplize. Wenn Sie sich sträuben und zurückhalten und zuerst kritisieren, dann hindern Sie sich selbst daran, dem Gelesenen seinen vollen Wert abzugewinnen. Aber wenn Sie Ihren Geist so weit wie möglich öffnen, dann werden schon im Her und Hin*

der ersten Sätze Winke und Zeichen von fast unmerklicher Feinheit Sie in die Gegenwart eines Menschen führen, der keinem anderen gleicht. Vertiefen Sie sich darein, machen Sie sich damit bekannt, und bald werden Sie finden, dass Ihr Autor Ihnen etwas weitaus Bestimmteres gibt oder zu geben versucht.

Und wenn es mir so geht mit einem Buch, wenn es mir etwas Wichtiges vermittelt, dann möchte ich das weitergeben. Und das bedeutet, dass ich eher eine Literaturvermittlerin als eine Literaturkritikerin bin und auch sein will. Ich habe das Rüstzeug gelernt, aber mich interessiert viel mehr, Menschen ans Lesen zu bringen, ihnen von Geschichten und Romanen zu erzählen, die ein Stück Welt begreifbar machen, als diese Texte zu analysieren. Was mich am meisten interessiert im Leben, ist die Frage, wie man es versteht. Und die besten Antworten darauf gibt eben die Literatur. Hans Karl Bühl, *Der Schwierige* in Hugo von Hofmannsthals Stück, sagt: »Mich interessiert nichts auf der Welt so sehr, als wie man von einer Sache zur andern kommt.« Und sei es anhand von Büchern.

Man sollte die Leser nie unterschätzen. Erich Kästner, der sonst eher nicht zu meinen Lieblingen gehört, hat das 1949 in der fabelhaften kleinen Glosse *Marktanalyse* festgehalten:

Der Kunde zur Gemüsefrau: »Was lesen Sie denn da, meine Liebe? Ein Buch von Ernst Jünger?« Die Gemüsefrau zum Kunden: »Nein, ein Buch von Gottfried Benn. Jüngers kristallinische Luzidität ist mir etwas zu prätentiös. Benns zerebrale Magie gibt mir mehr.«

In der Literaturkritik steckt oft Hochmut. Bestsellerleser werden als Idioten betrachtet. Und Bestsellerautoren belächelt. Ich war mit fast jedem meiner Bücher auf der argwöhnisch beäugten Bestsellerliste, und ich bin sehr froh darüber. Es hat mir viele Leser beschert, also genau das, was man sich als Autor ja wohl erträumt. Und darüber hinaus hat es mein Leben finanziell abgesichert, was ich nicht angestrebt, aber mit Dankbarkeit angenommen habe.

Faule Kritiker bedienen sich oft einfach der Klappentexte der Verlage, um das Thema eines Buches vorzustellen. Und schreiben dann sogleich über die »Darstellungsabsicht« des Autors. Kann man nicht erst mal ganz einfach den Inhalt eines Buches kurz umreißen und erst dann darüber reden oder schreiben, ob und warum es gut ist oder nicht? In der Zeitung darf es sich komplizierter lesen, eine schriftliche Rezension sollte sich detaillierter mit einem Text, mit literarischen Kriterien auseinandersetzen, aber in dem bisschen Zeit, die das Fernsehen den Büchern überhaupt zuteilt, müssen es einfache, klare Sätze sein, denn sie huschen rasch vorbei, und man will doch verstanden werden. Ich bin oft dafür gescholten worden. Ist mir völlig egal. Ja: das ist missionarisch. Na und?

Und wenn ich nun schon beim Missionarischen bin, liegt ein weiterer klerikaler Vergleich nahe: Marcel Reich-Ranicki war der *Literaturpapst*, ich war die *Literaturpäpstin*, beide fanden wir diese Begriffe unfassbar dämlich, beide konnten wir nichts dagegen ausrichten, und der beflissene Mensch, der mich Susan Sontag vorstellte mit den Worten »She is kind of the female pope of literature!« bewirkte damit nur, dass sie mich verächtlich ansah und versuchte, so schnell wie möglich aus meiner Reichweite zu gelangen. Ich kann es ihr nicht verdenken.

Päpstin und Papst!

Übrigens wurde ich während der Jahre meiner Sendung *Lesen!* immer wieder gefragt, wie ich die Bücher eigentlich auswähle, woher ich weiß, was gut ist. Ich habe dann immer den Verleger Ernst Rowohlt zitiert, der gesagt haben soll: Ich schlage das Buch an meinen Kopf und dann weiß ich: ja oder nein.

Schöne Pointe, aber wie lautet die wirkliche Antwort? Dass man anfängt zu lesen, und dass einen das Buch hineinzieht. Oder eben nicht. Im Laufe der vielen Lesejahre entwickeln sich Beurteilungskriterien, und irgendwann merkt man: nicht nur die Beziehung der Romanfiguren untereinander ist wichtig, sondern auch das Gespräch zwischen dem Autor und der Welt, in dem Fall: mir. Kommt es in Gang, kann ich vermuten, dass es auch anderen so geht. Das ist eine Sache von Liebe, Erfahrung, Leidenschaft, nicht von Eitelkeit. Wir wollen, sollen nicht zeigen, wie schlau wir sind und was wir alles gelesen haben, sondern wir suchen in jedem Buch uns selbst, eine Deutung unseres eigenen Lebens. Unverständlichkeit ist so wenig ein Beweis für Qualität wie Unterhaltung einer dagegen. Der Leser ist frei. Immer wieder habe ich das betont, immer wieder. Er muss sich nichts vorschreiben lassen. Er darf suchen, finden, akzeptieren, verwerfen. Ich habe mir nie angemaßt, Literaturkritikerin zu sein. Ich wollte wirklich immer nur sagen: Hier geht's lang...

An den Buchmessenfreitagen gingen Reich-Ranicki und ich über viele Jahre hinweg zusammen in die Frankfurter Oper, um uns einen Abend lang bei Musik, die wir beide liebten, von den vielen Empfängen und dem Messetrubel zu erholen. So auch in dem Jahr, als er seine Sendung *Das Literarische Quartett* aufgegeben und ich meine *Lesen!* begonnen hatte. In der Pause sagte er grimmig zu mir: »Alle sehen dich an.« »Nein«, sagte ich, »guck doch, alle sehen dich an!« Er brummelte noch ein bisschen, nahm dann meinen Arm, strahlte und sagte: »Na gut. Alle sehen uns an.«

Ich in meiner Sendung Lesen!

Es ist die einzige Berühmtheit, die mir je gefallen hat: die der Bücherempfehlerin. Nach den Talkshows, die ich viele Jahre lang gemacht und in denen ich vor allem Politiker ziemlich streng zur Brust genommen hatte und ihnen nichts durchgehen ließ, war es mir immer schrecklich, erkannt, gelobt oder angepöbelt zu werden. In der Zeit von *Lesen!* hingegen fand ich es wunderbar, auf der Straße oder beim Spaziergang gefragt zu werden: »Sagen Sie mal, was soll ich denn lesen?« oder zu hören: »Ich bin Ihnen dankbar, Sie haben meinen Mann ans Lesen gebracht« oder »Danke für Glattauer, Klassebuch, ich lese sonst nicht!«

So soll es sein, das machte mich wirklich glücklich. Und macht es noch. In den finsteren Coronazeiten habe ich in Zeitungen, im Radio, im Internet unentwegt Bücher vorgestellt, die uns helfen könnten, diese Zeiten durchzustehen. Beim Spaziergang kam mir ein alter Mann mit Norwegerstöcken entgegen, strammer Schritt. Er erkannte mich, und militärisch knapp rief er mir zu: »*Apeirogon*! Großartig! Weiter so!« Er bezog sich auf Colum McCanns wunderbaren Roman, den ich in Volker Weidermanns Internetsendung *Spitzentitel* vorgestellt hatte. Über so was kann ich mich sehr freuen und auch amüsieren.

Die Urteile von Lesern sind mindestens so wichtig wie die Urteile von Kritikern, wenn nicht sogar wichtiger. Ich liebe es, was Virginia Woolf über das Urteil des Lesers geschrieben hat:

> *Leser müssen wir bleiben, wir werden uns nicht mit der zusätzlichen Glorie umgeben, die jenen seltenen Wesen zugehört, die obendrein Kritiker sind. Aber dennoch haben wir als Leser unsere Verantwortung*

und sogar unsere Bedeutung. Die Maßstäbe, die wir setzen, und die Urteile, die wir fällen, fügen sich stillschweigend der Atmosphäre hinzu und werden Teil der Luft, die die Schriftsteller atmen, während sie arbeiten. Ein Einfluss wird geschaffen, der auf sie einwirkt, auch wenn er nie seinen Weg in den Druck findet. Und dieser Einfluss, wäre er kenntnisreich, kraftvoll und eigenständig und aufrichtig, könnte von großem Wert sein eben jetzt, da die Literaturkritik sich notgedrungen in einem Schwebezustand befindet; da Bücher zur Musterung vorbeiziehen gleich der Prozession von Tieren auf einem Schießstand, und der Kritiker nur eine Sekunde Zeit hat zum Laden, Zielen und Schießen und durchaus zu entschuldigen ist, wenn er Kaninchen für Tiger hält, Adler für Haushühner, oder gar nicht trifft und seinen Schuss an eine friedfertige Kuh verschwendet, die auf einem ferneren Felde grast. Hätte hinter dem ziellosen Gewehrfeuer der Presse der Autor das Gefühl, es gebe doch noch eine andere Art von Kritik, die Meinung von Menschen, die lesen aus Liebe zum Lesen, langsam und nicht berufsmäßig, und die mit großer Sympathie und doch mit großer Strenge urteilen, könnte dies nicht die Qualität seiner Arbeit erhöhen? Und würden mit unserer Hilfe die Bücher stärker, reicher und vielfältiger, so wäre dies ein Ziel, das zu erreichen sich lohnte.[10]

10 Aus: Virginia Woolf. *Der gewöhnliche Leser*. Essays. Bd. 2, Fischer 1977.

Fünf Jahre brillante Einschaltquoten: Lesen!

Natürlich soll nicht nur der Leser, sondern auch der Autor verantwortungsvoll sein. Die britische Schriftstellerin Alison Louise Kennedy sagte 2005 in einem Gespräch mit der Journalistin Meike Schnitzler: »Ich möchte meinen Lesern eine lohnenswerte Erfahrung bereiten. Darüber, was es bedeutet, ein Mensch zu sein. Und ich möchte sie unterhalten, denn sie machen sich die Mühe, in einen Buchladen zu gehen, das Buch zu kaufen und zu lesen. Also bemühe ich mich, musikalisch oder schön zu schreiben, damit sie für ihre Mühe entlohnt werden, so zolle ich den Lesern meinen Respekt.«

In meiner Sendung *»Lesen!«,* die es von März 2003 bis Oktober 2008 gab, habe ich genau das versucht: Leser und Bücher ernst zu nehmen. Dieses Format war ein Glücksfall: für mich sowieso, für mein wunderbares Team, das bis auf den Regisseur fast nur aus Frauen bestand, für die Leser, die Buchhändler, die Verlage, für die Autoren, für das ZDF. Aber nach ungefähr vierzig Sendungen, mit denen wir die Bestsellerlisten bespielten (was meine Gäste und ich empfahlen, schoss fast immer hoch, wurde gekauft und gelesen), war trotz brillanter Einschaltquoten plötzlich Schluss, und noch heute höre ich oft Bedauern darüber. Ich habe dann noch eine Weile im Internet mit Leseempfehlungen weitergemacht, aber die Zeit für so was im Netz war damals einfach noch zu früh.

In den Zeitungen erschienen zum Ende von *Lesen!* Karikaturen, sogar eine Todesanzeige zur Sendung, Verleger und Leser schrieben ans ZDF, alles vergeblich. Die Sendung war weg, und ich fing nach einem mehrjährigen Zwischenspiel als Herausgeberin von Musikbüchern (meine zweite große Liebe:

Cartoon aus dem STERN *nach Einstellung der Sendung* Lesen!

die Musik) beim Schweizer *Literaturclub* als Kritikerin an, wo ich schon lange vor *Lesen!* gearbeitet hatte und wo ich noch heute zum Team gehöre.

Eine unkomplizierte, leicht zugängliche, Bücher einfach nur lustvoll empfehlende Sendung wie *Lesen!* fehlt meiner Meinung nach im Fernsehen immer noch, wo man sich mit Literatur alles in allem doch nach wie vor ziemlich schwer tut und so, wie sie jetzt vermittelt wird, nur die erreicht, die sowieso schon lesen. Mein Ehrgeiz war es immer, Nicht- oder Wenigleser zu überzeugen, das war mir weitgehend gelungen.

Aber ich gebe jetzt mal etwas zu: Man muss für das Lesen schon auch eine Begabung haben. Nicht jeder kann mit einem Klavier oder mit Farbe und Leinwand etwas anfangen, nicht jeder kann schreiben, und es kann auch wirklich nicht jeder lesen. Es gibt Menschen, die macht die stille Konfrontation mit dem Buch kribbelig, sie haben nicht die Ruhe, ganz und gar einzutauchen, es langweilt sie, Geschichten auf der Spur zu bleiben. Sie haben kein Talent für das Lesen, wie andere keines für die Malerei oder die Musik haben, es fehlt ihnen dieses innere Ohr, das auf Geschichten hören kann, wie sie nur ein Buch erzählt. Wir wollen sie ein wenig darum bedauern, aber keineswegs verachten.

Und dann gibt es die, die früher mal gern gelesen haben, in der Kindheit, in der Pubertät, die jetzt mitten im Berufsleben stehen, das vage Gefühl haben, lesen zu müssen, die sich genug interessieren, um die Bücher zu kaufen, die in den Feuilletons besprochen werden, die diese Bücher dann auf Nachttischen und neben Sofas stapeln und seufzen: »Ach, ich komme irgendwie überhaupt nicht zum Lesen!«

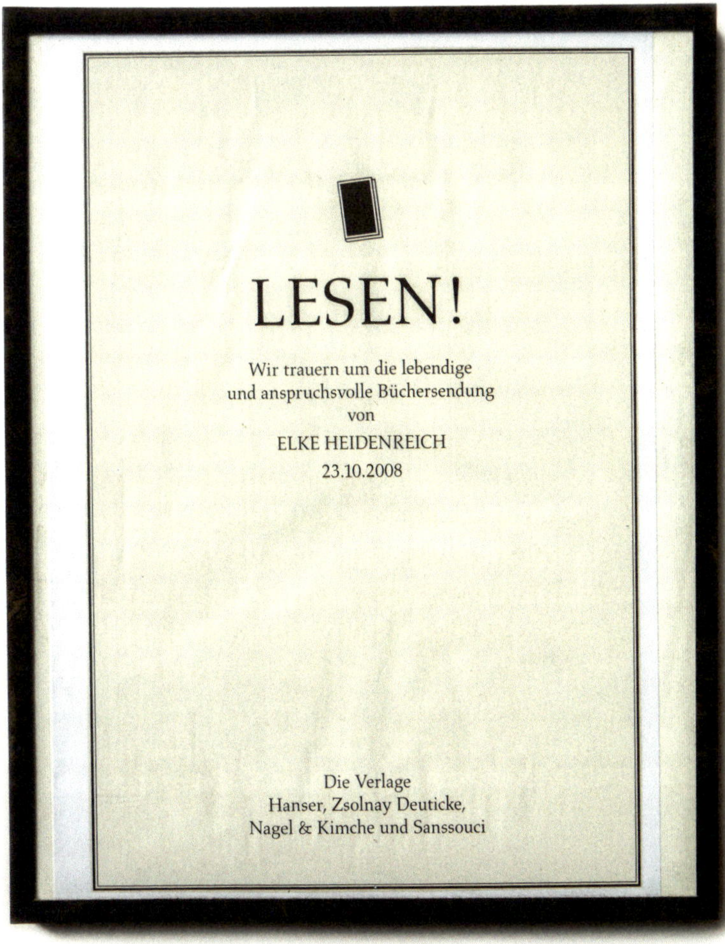

Trauer um Lesen!

Diesen Satz kann ich nicht mehr hören, er macht mich zornig. *Bildungskoketteure* nenne ich solche Leute, und ich möchte ihnen Daniel Pennac zitieren, der in seinem Buch über das Lesen mit dem Titel *Wie ein Roman* schreibt:

> *Das Lesen ist nicht von der Organisation der täglichen Zeit abhängig, es ist, wie die Liebe, eine Seinsweise. Die Frage ist nicht, ob ich Zeit zum Lesen habe oder nicht (...), sondern ob ich mir das Glück, Leser zu sein, leiste oder nicht.*[11]

Pennac hat recht. Haben wir zum Lieben auch »keine Zeit«? Das ergibt sich wie das Atmen, und so ergibt sich auch das Lesen: weil man es lebensnotwendig braucht. Wer das nicht fühlt, ist für die Bücher verloren und sollte dann nicht so tun, als wären da noch irgendeine Sehnsucht oder ein wehes Ziehen in der Brust, ein Verlustgefühl, ein »Ich möchte eigentlich.« Da ist nichts außer Bildungsgetue. Zum Lesen keine Zeit? Keine Zeit für dieses Glück? Ich fasse es nicht.

Ich möchte dann immer gern fragen: »Wie kannst du leben, ohne zu lesen?« Deshalb versah ich den Titel meiner Fernsehsendung *Lesen!* mit dem imperativischen Ausrufungszeichen. Es war kein Befehl, es war eher ein Flehen: *Bitte, lest!* Zum Glück hat es funktioniert, und die im Schnitt anderthalb Millionen Zuschauer folgten meinem Aufruf, wie die Verkaufszahlen und die Briefe bewiesen.

11 Aus: Daniel Pennac. *Wie ein Roman*. Kiepenheuer & Witsch 1994.

Zum Lesen keine Zeit? Keine Zeit für dieses Glück? Ich fasse es nicht.

Ich kann das Missionieren ja nicht lassen.

HEUTE

Bücher von Frauen haben in meinem privaten Leben eine mindestens so große Rolle gespielt wie im Beruf, wo man doch mit sehr viel mehr Literatur von Männern konfrontiert wird, obwohl sich das in den letzten Jahren erfreulicherweise sehr geändert hat, als plötzlich so unterschiedliche Frauen (wieder-)entdeckt wurden wie Meg Wolitzer, Hanya Yanagihara, Ayelet Gundar-Goshen, Elif Shafak, Zadie Smith, Sally Rooney, Sibylle Berg, Annie Ernaux, Chimamanda Ngozi Adichie, Siri Hustvedt, Hilary Mantel, Mariana Leky, Herta Müller, Katja Petrowskaja, Jhumpa Lahiri, Jeanette Winterson, Tove Ditlevsen, Anita Brookner, Annemarie Schwarzenbach, Irmgard Keun, Irène Némirovsky und viele andere. Was für Schätze tun sich da auf!

»Bücher wirken anders auf Frauen als auf Männer«, schreibt Ruth Klüger in ihrem Aufsatz *Frauen lesen anders*. Das habe mit unserer frühen Sozialisierung und Erziehung zu tun, fährt sie fort, und gibt zu bedenken, dass Mädchen, Frauen genau so früh lesen lernen wie Jungen, Männer. Aber:

> *Im Grunde lernen sie noch immer so lesen, wie Männer lesen. Es bleibt uns ja nichts anderes übrig. Von Caesars* Gallischem Krieg *bis zu Nietzsches* Also sprach Zarathustra *und Grass'* Katz und Maus *bestimmt männliches Handeln und Denken,*

Was für Schätze tun sich da auf!

männliche Erotik und männlicher Ehrgeiz, was als klassisches Lesematerial, von der ersten Lateinstunde bis zum germanistischen Oberseminar, in Frage kommt. Dabei ist der hartnäckige Phallozentrismus der eben genannten Werke so augenfällig, dass man sich sofort fragen müsste, was Schülerinnen und Studenten damit anfangen können.

Das genau habe ich mich auch gefragt, lange ehe ich Ruth Klüger kennenlernte und ihren Essay las. Und ich habe genau das in meinen Lektüren erfahren, was Ruth Klüger im Weiteren ausführt:

Nur zufällig, dann aber aufatmend, kommen wir an Bücher heran, in denen Frauen (…) nicht nur die Rolle spielen, die ihnen im Leben der Männer zukommt, sondern die Rolle, die sie in ihren eigenen Leben spielen. Dann erst merken wir, wie viel leichter eine solche Lektüre ist, wie viel direkter und ursprünglicher man damit umgehen kann, wenn man diesen erwähnten Sprung der Anpassung und Einfühlung nicht nötig hat.

Es geht darum, uns selbst in Büchern von Frauen zu entdecken, weil sie denken, weil sie leben wie wir.

Heute, wo ich auf die achtzig zugehe, muss ich mich nicht mehr in Büchern von Frauen suchen, finden, bestätigen lassen. Aber noch immer macht es mir Freude, ihre Gedanken zu lesen, mein Leben mit dem ihren zu vergleichen, noch immer ergreift es mich, wie viele Qualen sie aushalten mussten, an denen viele von ihnen ja auch scheiterten, zu früh oder elend

Sylvia Plath (1932-1962)

starben, nicht selten sogar durch Selbstmord. Ich lese ihre Bücher anders als die Bücher von Männern, und nur ganz selten vergesse ich wirklich, wer da schreibt.

»Wir geistigen Frauen enden als Verliererinnen in Liebesgeschäften«, schreibt die argentinische Lyrikerin Alfonsina Storni, kurz ehe sie sich mit sechsundvierzig Jahren ins Meer stürzt. Auch die früheste aller Dichterinnen, Sappho, soll ihr Leben durch Selbstmord im Meer beendet haben. Sie war sich ganz sicher, dass Frauen genauso schreiben können wie Männer, und hinterließ Verse wie diesen: »Sich erinnern an uns/ wird, wie ich mein',/ mancher in spätrer Zeit.« Und so ist es auch.

Die Gedichte von Sylvia Plath und Anne Sexton entstanden aus den Beschädigungen, die ihnen die Realitäten der Fünfziger- und Sechzigerjahre in Amerika zugefügt hatten. Beide starben durch Selbstmord. Sylvia Plath steckte, dreißigjährig, den Kopf in den Gasofen, vorher schnitt sie sich zur Vorsicht auch noch die Pulsadern auf, zermürbt unter anderem von der lebenslangen Auseinandersetzung mit der

Mutter, dem vergeblichen Versuch, es ihr je recht machen zu können. Die Angst, nach zu vielen Verletzungen nichts mehr fühlen zu können, im Gedicht *Mohnblumen im Juli*:

Ich halte meine Hände über Feuer.
Nichts brennt.

Anne Sexton unternahm ihren ersten Selbstmordversuch mit neunundzwanzig Jahren, es folgten noch viele weitere Versuche und Jahre der Therapie, in denen sie immer von Selbstmord sprach und ihn »den Ausweg für Frauen« nannte. Sie quälte sich mit ihrer ewigen Suche und Sehnsucht nach dem verlorenen Gott, sie überspielte es mit einer spöttischen Haltung und einer gewissen Patzigkeit. Bei einer Lesung ging sie auf die Bühne, zog die Schuhe aus, setzte sich und sagte: »Ich lese jetzt ein Gedicht, das Ihnen darüber Auskunft gibt, was für eine Art Dichterin ich bin, was für eine Art Frau ich bin. Wenn es Ihnen nicht gefällt, können Sie ja gehen.«

Anne Sexton
(1928-1974)

Mit fünfundvierzig Jahren zog sie den Pelzmantel ihrer Mutter an, trank ein Glas Wodka, ging in die Garage und vergiftete sich mit Autoabgasen.

»Wenn der Tod einen nimmt und durch die Mangel dreht, ist es ein Mann. Aber wenn man sich selbst umbringt, ist es eine Frau«, schrieb sie.

Carson McCullers' großer Roman *Das Herz ist ein einsamer Jäger* erschien 1940, sie hatte ihn mit nur dreiundzwanzig Jahren geschrieben. Der Erfolg ruinierte ihre Ehe mit einem erfolglosen Schriftsteller, Schlaganfälle und ein rastloses Leben ruinierten ihre Gesundheit. Sie wurde gerade mal fünfzig Jahre alt.

Virginia Woolf steckte sich Steine in die Jackentaschen und ertränkte sich mit neunundfünfzig Jahren in einem Fluss. Es war Krieg, es war die Angst vor den Nazis, es war die Angst, verrückt zu werden, es war sicher auch die Anstrengung des Schreibens, die sie nicht mehr ertrug.

Die Reihe ließe sich noch lange fortführen. »Frauen schreiben nicht, und wenn sie schreiben, bringen sie sich um«, zitiert die uruguayische Lyrikerin Cristina Peri Rossi ihren Onkel, sie tut das in einem Nachruf auf ihre argentinische Kollegin Marta Lynch, die sich 1985 erschossen hatte.

Was geschieht hier? Warum verzweifeln gerade die klügsten, die schöpferischsten, die begabtesten Frauen so sehr am Leben, dass sie es nicht mehr aushalten können? Das, was Männer beflügelt, zerstört offenbar Frauen: die Gleichzeitigkeit, eine Liebe zu leben und sich künstlerisch zu etablieren. Dazu kommt etwas ganz Einfaches, etwas ganz und gar Unerträgliches: Frauen regeln den Alltag von Männern, damit die schreiben (oder was auch immer) können. Wer regelt eigentlich den Alltag von Frauen? Es ist schön, dass Peter

Zelda Fitzgerald (1900–1948)

Handke nach der Trennung seine Tochter allein großgezogen hat. Es wird auch überall erwähnt und gewürdigt. Frauen machen so etwas ganz selbstverständlich, und keiner würdigt es einer Erwähnung.

Frauen werden gern als die Musen der Männer bezeichnet. Wer und wo sind denn aber die Musen der Frauen? Die Frau muss sich selbst Muse sein. Frauen, die Künstlerinnen sind, möchten natürlich auch als Frauen wahrgenommen werden, sie möchten begehrt und geliebt werden, aber »...es ist sehr schwer, gleichzeitig zweierlei zu sein: erstens jemand, der nach seinen eigenen Gesetzen leben will, und zweitens jemand, der die netten alten Dinge behalten und geliebt und geborgen und beschützt sein möchte«, schrieb Zelda Fitzgerald, die genauso begabt, gescheit und sogar weit witziger gewesen sein soll als ihr Mann Scott und die in Nervenheilanstalten endete.

Alfonsina Storni (1892–1938)

Die argentinisch-schweizerische Schriftstellerin Alfonsina Storni nimmt sich 1938 mit nur sechsundvierzig Jahren das Leben, *Ich gehe schlafen* heißt ihr letztes Gedicht, das sie vorher an die Redaktion der Zeitung *La Nación* schickt. Die Politik, die Kunst, die großen Romane, das Theater – alles Männerdomänen, hatte sie gesagt. Nur gerade in der Lyrik sei die Frau geduldet. Sie schrieb also Gedichte, und um Frauen, die sich anschicken, Romane zu schreiben, sorgt sie sich geradezu und sagt:

> *Wenn sie aber darauf angewiesen ist, ihren Lebensunterhalt selbst zu bestreiten, wird ihr das Erwerbsleben die Sache recht sauer werden lassen. Denn dieses außerordentliche Leben, von dem ich rede, zerstört unweigerlich das, was den Wert einer Frau in der Gesellschaft ausmacht: ihre Weiblichkeit. Was für ein*

Kraftakt für die Schriftstellerin, für ihre Passion die Weiblichkeit zu opfern. Wird sie ohne diese Zier denn noch geliebt werden? Vielleicht gibt es deshalb kaum Romanautorinnen. (...) Noch gibt es keine weiblichen Genies, selbst wenn es bereits Romanautorinnen mit genialen Zügen gibt.

Alfonsina Storni erinnert mich an Dorothy Parker. Sie war ähnlich gewitzt, klug, ihr Blick ruhte liebevoll auf den Randfiguren der Gesellschaft – der Kohlenverkäuferin, der schüchternen Aquarellmalerin, die Schnickschnack an Touristen verkaufen muss, und auch Parkers sonst so bissiger Blick ruhte eher liebevoll auf den kleinen Ladenmädchen in der 5th Avenue und nicht auf den Damen der gehobenen Gesellschaft, für die ein abgebrochener Fingernagel eine Katastrophe ist. Sie sind sich ähnlich, diese beiden Frauen, die ihre Sehnsucht, ihre Liebe, ihren Zorn in Texte verpackten, die uns noch heute

Dorothy Parker (1893-1967)

tief berühren. Ich liebe die wunderbare Dorothy Parker, deren Leben ein einziges Desaster war, Alkohol, Männer, Einsamkeit, und die mit unglaublich scharfem Humor über all das hinwegtänzelte, die in ihren *New Yorker Geschichten* von Frauen erzählt, denen die Liebe wegbricht, von jungen Mädchen, die sich an ihre Träume und Illusionen klammern und sich am Ende die Frage stellen: Ist das alles? *C'est tout,* das ist alles, so hieß ihr Pudel, der bei ihr war, als sie 1967 einsam und alkoholkrank in einem New Yorker Hotelzimmer starb.

Über Katherine Mansfield, die junge Neuseeländerin, die mit nur vierunddreißig Jahren an Tuberkulose starb, schrieb die große Virginia Woolf: »Ich war eifersüchtig auf ihre Art zu schreiben - die Einzige, auf die ich je eifersüchtig war.« Mansfield hatte etwas, was Woolf abging: Witz. Unbeschreiblich schön, mit welcher Ironie sie *Deutsche beim Fleisch*

Katherine Mansfield (1888-1923)

beschreibt, als sie zur Erholung in einem deutschen Kurort ist. »Stimmt es, fragte die Witwe und stocherte, während sie sprach, mit einer Haarnadel in den Zähnen, dass Sie Vegetarierin sind?« Und als Mansfield das bestätigt, sagt die Dame entsetzt: »Da haben wir's! Dahin kommt es nämlich mit Ihnen. Es ist unmöglich, Kinder zu bekommen, wenn man nur Gemüse isst. Aber Sie haben ja jetzt ohnehin keinen Kinderreichtum in England - vermutlich haben Sie zu viel mit Ihrem Frauenstimmrecht zu tun.«

Jane Bowles legte mit *Zwei ernsthafte Damen* 1943 eine umwerfende Geschichte über zwei bürgerlich ehrenwerte Frauen vor, die keine Lust mehr haben, sich an Männer, Konventionen und Erwartungen anzupassen: Mrs. Copperfield verliebt sich in eine Hure und lässt ihren Mann dafür sitzen, und Mrs. Goering entscheidet sich gleich selbst für die Prostitution. Geht nicht gut, aber immerhin, einen Versuch war es ihnen wert! Und Jane Bowles? Geplagt von Ängsten, Zweifeln, Phobien, Alkohol, Drogen, einem frühen Schlaganfall mit neununddreißig Jahren, Aufenthalten in der Psychiatrie, starb sie blind, gelähmt mit fünfundfünzig Jahren einen qualvollen Tod. Was für eine große, große Autorin!

Jede dieser Autorinnen, deren Gesichter anzusehen ich nie müde werde, nutzt die heilende Kraft des Spottes, des Humors, das Exzentrische, um unter ungünstigen Bedingungen durchhalten zu können. Dazu gehört auch der Mut, ein Aufgeben in Betracht zu ziehen, und das Hinterfragen: Wie wollen wir eigentlich leben? Wie wäre es, wenn wir plötzlich allein auf der Welt wären? Mir haben diese Bücher wirklich etwas bedeutet. Sie haben mich an- und aufgeregt, bestätigt

Jane Bowles (1917-1973)

in meiner Sicht auf Welt und Menschen, sie haben mir Selbstbewusstsein gegeben und mich zugehörig fühlen lassen. Habe ich auch nicht das Talent dieser Autorinnen, habe ich doch das Recht und zum Glück die Möglichkeit, meine eigene Sicht auf die Dinge, mein eigenes Erleben aufzuschreiben. Das heißt ganz klar gesagt: Sie alle haben mich ermutigt, selbst mit dem Schreiben anzufangen. Sie haben mich ermutigt und auch gewarnt. Das Glück ist groß, der Absturz kann furchtbar sein, aber es lohnt sich, und wenn du es nicht versuchst, wirst du es bereuen. *The goin' up is worth the coming down*, sang Kris Kristofferson 1971.

Auf eine Umfrage über ihr Lese-Leben schrieb Elfriede Jelinek 2005 für die Zeitschrift *Literaturen*, die es leider nicht mehr gibt: »Mir kommt es vor, als hätte ich immer schon gelesen, seit ich es kann, und seither ist mir auch jede andere Tätigkeit als Zeitverschwendung erschienen. Es ist, als ginge ich in etwas zu Grobes hinein (vor allem beim Kontakt mit

Menschen), das ist vielleicht meine Todsünde: dass ich lese, um nicht leben zu müssen (und deshalb schreibe ich auch).«

Marlen Haushofers *Die Wand* ist eines der für mich wichtigsten Bücher überhaupt. Eine Frau wartet in einem Waldhaus auf Freunde, und als die nicht kommen, stellt sie fest, dass sie allein mit einem Hund ist, durch eine gläserne, undurchdringliche Wand von der ganzen Welt abgeschieden. Wie kann sie überleben? Droht ihr Gefahr, von wo?

> *Aber da bisher jede Gefahr von Menschen gedroht hatte, konnte ich mich nicht so schnell umstellen. Der einzige Feind, den ich in meinem bisherigen Leben gekannt hatte, war der Mensch gewesen.*

Und Menschen sind nicht mehr da, nur noch Natur, Stille, Tiere. Sie überlebt, bis wieder ein Mensch (ein Mann!) als Feind auftaucht. Und sie denkt in der Einsamkeit nach über

Marlen Haushofer (1920-1970)

sich, wie auch ich in meinem Leben immerzu über mich und die richtigen und falschen Wege nachdachte, und wie sehr haben mich da solche Zeilen getröstet:

> *Wenn ich heute an die Frau denke, die ich einmal war, die Frau mit dem kleinen Doppelkinn, die sich sehr bemühte, jünger auszusehen, als sie war, empfinde ich wenig Sympathie für sie. Sie hatte ja nie eine Möglichkeit, ihr Leben bewusst zu gestalten. Als sie jung war, nahm sie, unwissend, eine schwere Last auf sich und gründete eine Familie, und von da an war sie immer eingezwängt in eine beklemmende Fülle von Pflichten und Sorgen. Nur eine Riesin hätte sich befreien können, und sie war in keiner Hinsicht eine Riesin, immer nur eine geplagte, überforderte Frau von mittelmäßigem Verstand, obendrein in einer Welt, die den Frauen feindlich gegenüberstand und ihnen fremd und unheimlich war. Von vielen Dingen wusste sie ein wenig, von vielen gar nichts; im Ganzen gesehen herrschte in ihrem Kopf eine schreckliche Unordnung. Es reichte gerade für die Gesellschaft, in der sie lebte, die genauso unwissend und gehetzt war wie sie selbst. Aber eines möchte ich ihr zu Gute halten: sie spürte immer ein dumpfes Unbehagen und wusste, dass dies alles viel zu wenig war.*

Für eine Zeitschrift habe ich vor Jahrzehnten mal einen Essay über Anaïs Nin verfasst, über ihre radikal emotionalen Tagebücher, in denen sie gegen eine sie mehr und mehr erschütternde Welt anträumte. Sie schrieb:

Anaïs Nin
(1903-1977)

Der Frau obliegt die Last, die Emotionen der Menschheit wiederherzustellen. Aus sich selbst heraus muss sie die neuen Harmonien der Freude, die neue Begabung zu emotionaler Kontrapunktik erschaffen. Wir Menschen verlieren rapide unsere Fähigkeit, wirklich zu fühlen. Obwohl wir näher zusammenrücken, werden wir kalt und gleichgültig. Heute erfordert es eine stärkere Erschütterung als je zuvor, um uns zu bewegen.

Und das war in den Dreißigerjahren!

Frauen nehmen mich an die Hand und sagen: Hier geht's lang. Jetzt bin ich alt. Bald achtzig. Vieles ist schiefgegangen in meinem Leben, vieles gut. Die Leidenschaft ist mir nicht abhandengekommen, die für Menschen und die für Bücher nicht, obwohl ich schon genau weiß, was Anna Achmatowa in ihrem kurzen, herzzerreißenden Gedicht von 1962 meint:

Anna Achmatowa
(1889-1966)

Herr, du siehst, ich bin des Lebens müde,
und ich schau gelassen in die Gruft.
Alles nimm, o Herr, doch gib mir wieder
Deiner Rose jugendlichen Duft.

Da ist es wieder, das Motto der Carson McCullers, das sich auch als stilles Motto durch mein Leben zog: Disziplin und Leidenschaft. Annehmen, weitermachen, aber nie aufhören, sich zu sehnen und zu lieben. An diesem von Karl Kneidt übersetzten Gedicht sieht man auch, was unterschiedliche Übersetzungen aus demselben Gedicht machen können. In meinem Tagebuch steht noch, leider ohne Übersetzer/in notiert, eine ganz andere, wie ich finde viel stärkere Version dieses Vierzeilers, nämlich:

Herr, du siehst, es ist mir so zuwider:
Auferstehung, Leben und der Tod.
Nimm mir alles. Aber lass mich wieder
Fühlen diese Rose, frisch und rot.

Es dauerte bis zur französischen Revolution, bis endlich »l'homme« nicht mehr nur »Mann«, sondern »Mensch« bedeutete. Das heißt, die kühne Vision der Gleichberechtigung stand 1789 endlich am Himmel. Da ist sie auch weitgehend geblieben. Denn es sind immer noch meistens die Frauen, die den Alltag bewältigen, die Kinder großziehen, den Haushalt führen, und sie wollen natürlich als Frau auch noch gefallen und geliebt werden, und gleichzeitig wollen sie leidenschaftlich brennen für ihr Werk, intensiv leben für ihre Arbeit, und dass dieser ganze Wahnsinn nicht auszuhalten ist, dass diese zermürbenden Widersprüche zur Katastrophe führen müssen, das merken sie, wenn sie alt, einsam, verlassen, krank, drogensüchtig, Alkoholikerin, verrückt, weggesperrt, an den »Frösten der Freiheit« (Marieluise Fleißer) erfroren oder kurz vorm Selbstmord sind.

»Wenn das Herz denken könnte, würde es stillstehen«, sagte der sanfte portugiesische Schriftsteller Fernando Pessoa. Es kann ja denken. Darum steht es ja still, wir sehen es an all diesen hochbegabten, an sich und der Welt verbrannten Frauen, die eigentlich nur das wollten, was die Männer seit Jahrtausenden selbstverständlich tun: schöpferisch sein, kreativ sein, bei sich selbst sein.

Das Gefühl, weniger wert, minderwertig zu sein, findet sich bei vielen schreibenden Frauen. Und wenn sie einmal Selbstbewusstsein zeigen, wird es drakonisch gebremst.

Ich bin dein Wegrand.
Die dich streift,
stürzt ab.

So dichtete Else Lasker-Schüler voller Leidenschaft verliebt und eifersüchtig an, für und über Gottfried Benn. Und er schlug sofort zurück in einem Gedicht:

Keiner wird mein Wegrand sein.
Lass deine Blüten nur verblühen.
Mein Weg flutet und geht allein.

Wie erträgt man eine derartige Abfuhr? Das muss doch eine Wunde sein, die nie mehr heilt. Eine der letzten Zeichnungen von Else Lasker-Schüler zeigt eine am Baum erhängte Gestalt, wir erkennen den schmalen »Prinzen von Theben«, der sie selbst war, unter dem Bild steht: »Im Grauen der Einsamkeit.« Nach ihrem Tod nannte Benn sie »die größte Lyrikerin, die Deutschland jemals besaß«. Der Lebenden hätte dieser Satz mehr geholfen. Sie schrieb tapfer in *Wenn mein Herz gesund wär*: »Das Leben ist doch eigentlich ein Wendeltreppendrama, immer so rund herauf und wieder hinunter, immer um sich selbst wie bei den Sternen. Ich bin in freudiger Verzweiflung, in verzweifelter Freudigkeit; am liebsten machte ich einen Todessprung oder einen Jux.«

Natürlich kennen auch schöpferische Männer dieses Grauen der Einsamkeit sehr wohl, die Zweifel, die Überforderungen, das sich selbst Ausbeuten. Nur sind ihre Lebensbedingungen in der Regel einfacher als die von Frauen, und auch die Erwartungen der Gesellschaft sind an einen Mann letztlich doch andere als die an eine Frau. Jede Frau, die in der Öffentlichkeit arbeitet, weiß ein Lied davon zu singen. Wir werden viel gnadenloser be- und abgeurteilt. Keine Frau hätte sich je so aufführen dürfen wie Marcel Reich-Ranicki im *Literarischen Quartett*, ein zornig urteilender Springteufel auf dem Sofa. Uns hätten sie dafür abgebürstet. Man braucht sehr viel Kraft, sehr viel Selbstbewusstsein. Damit sieht es in der Regel bei Frauen schlechter aus als bei Männern. Virginia Woolf, deren Mann auch Schriftsteller war, wusste:

Das Leben ist für beide Geschlechter – und ich schaue sie mir an, wie sie Schulter an Schulter über das Pflaster an mir vorüberzogen – mühsam, schwierig, ein ständiger Kampf. Es erfordert gewaltigen Mut und Kraft. Mehr als alles andere erfordert es – Geschöpfe der Illusion, die wir nun einmal sind – Selbstvertrauen. Ohne Selbstvertrauen sind wir wie Wickelkinder.

»Wir sind auf den ganzen Menschen aus und können ihn nicht finden«, lässt Christa Wolf die Günderrode sagen. Wir haben Angst voreinander. Männer bewältigen diese Angst – meistens – mit ihrem Werk. Frauen – oft – mit ihrem Tod. Kein Ort. Nirgends. Vielleicht im Himmel? Die Schriftstellerin Christine Lavant fragt: »Ich weiß nicht, ob der Himmel niederkniet, wenn man zu schwach ist, um hinaufzukommen?«

Wir kennen die Antwort: Nein, er tut es nicht.

Leben ist gefährlich. Am Ende steht immer der Tod. Schreiben ist gefährlich. Am Ende des Schreibens steht das Werk. Die Werke der Schriftstellerinnen, die mit ihrem Leben dafür bezahlt haben, helfen uns, mir durch die noch verbleibenden Jahre. Ich lebe immer noch mit den Büchern dieser Frauen.

Immer wenn in meinem Umkreis etwas besonders Schreckliches oder auch etwas besonders Schönes geschieht, denke ich: Wo gibt es dazu etwas in der Literatur? Und fast immer findet es sich, und ich bringe eben keine Flasche Wein zum Abendessen mit, sondern ein Buch. Ich bin einfach so gestrickt, werde dafür gehasst, geliebt, belächelt, mir alles egal. Ich kann nicht anders, weil ich selbst nicht wüsste, wie ich durch Liebeskummer käme ohne die Gedichte von Else Lasker-Schüler, durch Krankheit ohne Susan Sontag, und wie ich vergnügt voller Tagträume durch New York spazieren könnte ohne Dorothy Parker...

Der Mann meiner Freundin starb, plötzlich. Sie war untröstlich in verzweifeltem Schmerz. Ich habe ihr Joan Didions *Das Jahr magischen Denkens* geschenkt, weil ich finde, es kann trösten.

Ein Freund ist Arzt, ihm ist ein Fehler passiert, den er sich nicht verzeihen kann. Ich habe ihm *Löwen wecken* von Ayelet Gundar-Goshen geschenkt, weil da einem Arzt ein noch viel schlimmerer Fehler passiert und er eine Möglichkeit zur Wiedergutmachung angeboten bekommt.

Ich habe einen Freund verloren, mit dem ich so gern alt geworden wäre. Ich schenke seiner Frau, mit der ich trauere, Patti Smiths *Im Jahr des Affen*, wo sie beschreibt, wie sie ihren Freund Sam Shepard verliert.

> *Sam ist tot. Mein Bruder ist tot. Meine Mutter ist tot. Mein Vater ist tot. Mein Mann ist tot. Meine Katze ist tot. Und mein Hund, der 1957 starb, ist immer noch tot. Trotzdem glaube ich nach wie vor, dass bald etwas Wunderbares passiert.*

Und wir lachen und weinen, trinken ein Glas zusammen und hoffen, dass etwas Wunderbares passiert.

Ich möchte bis zuletzt die Leidenschaft für das Lesen wecken und vermitteln. Es gibt so viele Arten zu lesen. Als Kind liest man neugierig und entdeckt die Welt, dann sucht man sich selbst, dann das unbegreiflich Andere, man liest aus Pflicht, aus Bildungshunger, aus Unterhaltungslust. Man träumt sich weg beim Lesen, und diese Träume sind mehr als nur Träume, es ist, »als wären sie der Dämmerung des Verstandes entsprungen« (Patti Smith). Man kann sich beim Lesen der Welt entziehen durch Flucht ins Buch, man kann aber auch lesend erst die Welt entdecken, Lesen ist die Beteiligung am intellektuellen und ganz allgemein am gesellschaftlichen Leben. Und natürlich soll und muss man auch Bücher von Männern lesen – davon handelt jetzt das letzte Kapitel.

MÄNNER

Christa Reinig (1926-2008) sagte 1976: »Literatur ist ein hartes Männergeschäft von dreitausend Jahren her. Das muss jede Autorin erfahren, wenn sie das Wort ›Ich‹ gebraucht. Von da aus geht es plötzlich nicht recht weiter. Die Formen und Formeln der Dichtersprache sind nicht geschaffen, dass ein weibliches Ich sich darin artikulieren kann.«

Bücher von Männern sind so gut oder schlecht wie Bücher von Frauen. Es ist Literatur, worum es geht, und da gibt es handfeste Kriterien und auch weniger handfeste - nämlich die des persönlichen Geschmacks. Man kann Grass gern den Nobelpreis geben, aber deswegen muss ich seine Bücher noch lange nicht mögen. »Die Menschheitsgeschichte«, schreibt Jürgen Serke 1979 in seinem Buch *Frauen schreiben*, »wies dem Mann den Verstand zu und der Frau das Gefühl«. Bisschen platt, vielleicht, aber es ist was Wahres dran. Und es gibt auch so verrückte Phänomene wie, dass manche Bücher einfach nur von Männern geliebt werden. Oder sagen wir von Männern mehr als von Frauen. Zwei Beispiele:

Männer sind in der Regel hin und weg von *Die Entdeckung des Himmels*, dem berühmten Roman von Harry Mulisch (1927-2010), 1992 erschienen. Da geht es um eine Dreiecksbeziehung zwischen zwei Männern und Ada, einer Cellistin. Cellistinnen sitzen breitbeinig da, das mögen die Herren, und einmal schlafen sie beide am selben Tag mit ihr. Es entsteht ein Kind, Quinten, aber schon ehe Quinten geboren wird und man nicht weiß, wer nun der Vater ist, fällt Ada ganz praktisch in ein siebzehn Jahre dauerndes Koma, stirbt schließlich, man braucht sie auch nicht mehr, denn die Entdeckung der Welt und des Himmels machen die beiden Väter und der hochbegnadete Sohn (Gott, Heiliger Geist, Jesus?) unter sich aus. Ich kenne keine Frau, der dieses von Männern hochgelobte Buch gefällt. Oder die Zitate wie dieses aus dem Roman schätzt, wo Sterne »schimmern wie ein eingetrockneter Spermafleck auf dem Hosenschlitz eines Smokings«. (So, und das mag jetzt vielleicht unzulässig sein, ist mir aber egal: Ich setze ein Zitat der Schriftstellerin Toni Morrison dagegen, aus ihrem Roman *Jazz*, ein Bild für Sterne: »Wenn er nur wollte, könnte er mir Sterne zeigen, wie aus den Lamékleidern von Revuetänzerinnen geschnitten.« Gefällt mir dann doch besser.)

Anderes Beispiel: *Die unerträgliche Leichtigkeit des Seins* von Milan Kundera (*1929). Der Chirurg Tomas und die Serviererin Teresa bleiben einander lebenslang verbunden, trotz seiner unzähligen Affären, die sie geduldig erträgt als eben eigentlich »unerträgliche Leichtigkeit«. Für Frauen eine wirkliche Prüfung, das zu lesen. Männer sind in der Regel begeistert. Kein Wunder.

Dennoch haben beide Autoren wunderbare andere, tief berührende Bücher geschrieben und sind deshalb selbstverständlich große Autoren: Harry Mulisch *Das Attentat* und Milan Kundera *Der Scherz* – zwei erschütternde Lebensgeschichten, deren Lektüre man um keinen Preis missen möchte. Wenn ich also eine gewisse männliche Sicht auf Frauen, Sexualität, sagen wir auf unsere Welt nicht mag, dann heißt das noch lange nicht, dass wir es hier mit einem schlechten Autor zu tun haben. Es heißt: Auch ein guter Autor kann eine Frau mit manchen Büchern ärgern und verschrecken, und vielleicht gelingt es ja auch Frauen, Männer mit ihren Geschichten abzuschrecken oder zu verstören. Lesen Männer gern Virginia Woolfs *Orlando*? Jeanette Wintersons *Orangen sind auch eine Frucht*? Wohl eher nicht. Belassen wir es also dabei.

Und natürlich gilt auch, dass in der Regel Männer Männer besser beschreiben, sich besser in sie hineinfinden können, und Frauen eben Frauen. Ausnahmen, unnötig zu sagen, gibt es immer, Flaubert hat ja sogar gesagt: Madame Bovary, das bin ich. Aber ganz sicher war John Updike auch Harry Angstrom in der fünfteiligen Romanserie um seinen »Rabbit«, und Richard Ford steckt in den vier Romanen über seinen Sportreporter Frank Bascombe. Das ist großartig zu lesen und erzählt uns viel über die Befindlichkeiten von Männern, ohne die wir doch auch nicht leben und sein wollen. Ich jedenfalls nicht.

Flaubert hat im Dezember 1852 in einem Brief geschrieben: »L'auteur, dans son œuvre, doit-être comme Dieu dans l'univers, présent partout, et visible nulle part.« (Der Autor sollte in seinem Werk wie Gott in der Welt sein, überall anwesend und nirgends sichtbar.)

Manchmal, wenn es große Literatur ist, klappt das. Und manchmal, wenn es sowieso ums Autobiographische geht, kann es ja gar nicht klappen, kann aber bei allzu viel Ich-Ich-Ich leicht kippen:

Ich habe teils fasziniert, teils angewidert, teils beeindruckt, teils abgestoßen (aber niemals gelangweilt) die 4.590 Seiten gelesen, die Karl Ove Knausgård über sein Inneres nach außen gestülpt hat: *Sterben. Lieben. Spielen. Leben. Träumen. Kämpfen.* Und dann habe ich drei schmale

Bände mit insgesamt nur 449 Seiten von einer Frau über ihr Leben gelesen: *Kindheit. Jugend. Abhängigkeit.* Die Dänin Tove Ditlevsen braucht ein Zehntel der geschwätzigen Männerseiten, um ein ganzes Leben aufzufächern. Mit einer unvergesslichen Intensität, während einem Knausgård mit seiner toxischen Männlichkeit eigentlich irgendwann nur noch auf die Nerven geht. Warum erwähne ich das hier? Raten Sie selbst.

*Karl Ove Knausgård (*1968)*

Tove Ditlevsen (1917-1976)

Don DeLillo, für mich einer der größten zeitgenössischen Erzähler, hat seinen Tausendseitenroman *Unterwelt* mit einem geradezu atemberaubenden Kapitel begonnen: Bei einem legendären Baseballspiel am 3. Oktober 1951 zwischen den Brooklyn Dodgers und den New York Giants fliegt der Ball in einem riesigen, hohen Bogen ins Publikum - über die Köpfe all derer hinweg, deren Leben sich dann im Roman verknüpfen, eine Geschichte zur Zeit des Kalten Krieges, eine Geschichte vor allem auch über Väter und Söhne. Ich behaupte, keine Frau hätte das so genial schreiben können. (Hätte eine Frau den *Ulysses* schreiben können?) Aber ganz gewiss hätte auch kein Mann die Ängste, Gefühle, den Überlebenswillen einer Frau so schildern können, wie es Marlen Haushofer in *Die Wand* tat. Kein Mann hätte Ljudmila Ulitzkajas *Die Lügen der Frauen* schreiben können oder Siri Hustvedts *Der Sommer ohne Männer*, und das ist doch gerade das immer wieder Wunderbare an der Literatur, diese Vielfalt der Blicke, Erfahrungen, Empfindungen, Stile!

Also, formal, sprachlich, erzählerisch ist Meisterschaft auf beiden Seiten selbstverständlich möglich. Thematisch aber eben dann doch nicht. Und wenn man jung ist, sucht man mehr nach Inhalten als nach formaler Brillanz. Darum finde ich es oft so deprimierend und leserfeindlich, wenn einige unserer Großkritiker Texte dekonstruieren, ohne daran zu denken, wem gerade diese Geschichte lebensnotwendig sein könnte. Lasst die Bücher bitte mehr sprechen als die Kritiker, das denke ich oft.

Der Einundvierzigste heißt eine Erzählung des Russen Boris A. Lawrenjow, 1924 erschienen, also ein Beispiel für frühe Sowjetliteratur. Marja Bassowa, Rotarmistin und Scharfschützin, zieht durch Turkestan, stößt auf einen weißrussischen Offizier, der ihr 41. Opfer werden soll. Aber sie verfehlt ihn, verhaftet ihn, verliebt sich in ihn, am Ende siegt natürlich (wir sind im Einheitsstaat!) Marjas Klassenbewusstsein, und sie tötet ihn doch. Aber bis dahin passiert etwas Erstaunliches. Er will rauchen und hat kein Zigarettenpapier mehr. Sie hat ein kleines Notizbuch mit eigenen Gedichten, ein Schatz, den sie hütet. Blättchen für Blättchen reißt sie nun heraus, der Offizier rollt seinen Tabak hinein, und die Gedichte gehen in Rauch auf bis zum letzten Vers.

Dieser Autor versteht etwas von Frauen! Ist diese Geschichte auch nur einen Augenblick umgekehrt denkbar? Natürlich nicht. Sie handelt von zweierlei: vom Verhältnis der Frauen zu ihrer eigenen Kreativität und vom Verhältnis der Männer zur weiblichen Kreativität. Wären es *seine* Gedichte gewesen, noch im Tod hätte er sie auf dem Herzen getragen. *Sie* hätte ihren Tabak kauen müssen...

Literatur ist ein Geschenk, Bücher sind ein Glück, Geschichten sind lebensnotwenig, um die eigene Verwirrung zu ordnen. Ob wir Bücher von Männern oder von Frauen lesen, das spielt keine Rolle. Wenn sie denn gut sind, und das heißt: gute Story, sprachlich adäquat umgesetzt. Was aber eine Rolle spielt, ist in den Jahren des Erwachens, Zweifelns, Selbstfindens den richtigen Ton für das eigene Leben zu finden. Und da waren für mich Bücher von Frauen hilfreicher als Bücher von Männern, sehen wir von den fürchterlichen Mädchenbüchern meiner Kindheit ab. Dabei schreiben Männer ja unentwegt auch über Frauen. Warum erreichen sie uns oft trotzdem nicht damit, von Ausnahmen natürlich abgesehen? Die Schriftstellerin Gina Kaus schrieb dazu in ihrem Erzählungsband *Die Unwiderstehlichen* (1938):

> *Im Laufe der Jahrtausende haben Männer ganze Bibliotheken über die Frauen vollgeschrieben. Sie haben die Frauen beobachtet und analysiert, angebetet und verachtet. Jede Generation hat ihr weibliches Ideal verherrlicht, jede ihren weiblichen Teufel an die Wand gemalt ... Alle Wertungen weiblicher Charaktere sind*

Gina Kaus
(1893-1985)

von Männern aufgestellt worden. Männer haben die weiblichen Tugenden und die weiblichen Laster zu Tugenden und Lastern gestempelt, und aus dem Munde der Männer wissen wir, wie sie die Frauen haben wollen und wie sie sie verabscheuen.

Und 1929 schon schrieb Robert Musil: »Die Frau ist es müde geworden, das Ideal des Mannes zu sein, der zur Idealisierung nicht mehr die rechte Kraft hat, und hat es übernommen, sich ihr eigenes Wunschbild auszudenken.«

Genau so ist es. Und genau so ist es gut.

Ich wünschte mir, es müsste überhaupt nicht mehr zwischen Männer- und Frauenbüchern unterschieden werden. Ein gutes Buch spricht zu uns, egal, wer es geschrieben hat.

Maxim Gorki
(1868-1936)

Das Schönste, was ich über das Glück des Lesens gelesen habe, hat ein Mann geschrieben, Maxim Gorki in der kleinen Schrift *Wie ich lesen lernte*. Das war ursprünglich ein Vortrag, den er im März 1918 in Petrograd hielt und der dann 1922 als schmales Buch erschien. Darin heißt es:

> *Wahrscheinlich wird es mir nicht gelingen, lebendig und eindringlich genug zu schildern, wie groß mein Erstaunen war, als ich begriff, dass fast jedes Buch mir ein Fenster in eine neue, unbekannte Welt öffnete und mir von den Menschen, ihren Gefühlen, Gedanken und gegenseitigen Beziehungen erzählte, die mir unbekannt waren und die ich nie gesehen hatte. Es schien mir sogar, als ob das mich umgebende*

Leben, all das Harte, Schmutzige und Grausame, das sich tagtäglich vor mir entfaltete, nicht das wirkliche Leben und vollkommen nutzlos war; mir schien, dass man das Wirkliche und Nützliche nur in den Büchern finden konnte, wo alles sinnvoller, schöner und menschlicher war. Die Bücher berichteten auch über die Grobheit und Dummheit der Menschen und von ihren Leiden, sie schilderten auch böse und gemeine Menschen, aber neben ihnen standen andere, die ich noch nie gesehen und von denen ich noch nicht einmal gehört hatte – ehrliche Menschen, stark und wahrhaftig im Geiste, die bereit waren, für den Sieg der Wahrheit und um einer guten Tat willen sogar ihr Leben zu opfern.

Der erschütternd schöne Text endet mit den Worten:

Liebt das Buch, die Quelle des Wissens, denn nur das Wissen allein kann uns retten, kann uns zu geistig starken, ehrlichen und vernünftigen Menschen machen, die imstande sind, den Menschen aufrichtig zu lieben. (…) In allem, was der Mensch geschaffen hat und noch schafft, in jedem Ding ist seine Seele verborgen. Am tiefsten jedoch offenbart sich diese reine und edle Seele in der Wissenschaft und in der Kunst, am sprechendsten und verständlichsten offenbart sie sich – im Buch.

Hab ich wen oder was vergessen? Ich hab unendlich viel, unendlich viele vergessen in diesem Buch und in meinem Kopf.

»Undine geht«, schreibt Ingeborg Bachmann, deren ganzes Leben eine Art Selbstzerstörung war, mit Alkohol, Tabletten, den falschen Männern. Schreiben als Todesprojekt? »Ich will nichts mehr für mich. Ich will zugrunde gehen«, heißt es in dem Gedicht *Böhmen liegt am Meer*, und das könnte geradezu ein Programm für ihr ganzes Leben sein. Sie hat auch »auf der Rasierklinge gelebt«, wie sie es in ihrem Text über Maria Callas schreibt. In ihrer Erzählung *Undine geht* geht nicht nur Undine weg von den Ungeheuern mit Namen Hans, es geht die Kunst. Die Kunst, die Literatur, ohne die wir(?), ohne die ich nicht leben könnte.

Ingeborg Bachmann beschreibt in der fünften ihrer Frankfurter Vorlesungen zum Thema *Literatur als Utopie* auch das, was jeder leidenschaftliche Leser erlebt: dass sich unsere Beziehungen zu den Büchern im Laufe unseres Lebens sehr verändern:

> *Im Lauf unseres Lebens ändern wir unser Urteil über einen Autor häufig mehrmals. Als Zwanzigjährige erledigen wir ihn mit einem Witz oder nennen ihn eine Gipsfigur, die uns nichts angehe, mit dreißig entdecken wir seine Größe, und wieder zehn Jahre später ist unser Interesse an ihm erloschen oder neue Zweifel sind uns gekommen und eine neue Unduldsamkeit. Oder wir halten ihn, umgekehrt, erst für ein Genie, entdecken später Plattheiten, die uns enttäuschen, und geben ihn auf. Wir sind gnad- und rücksichtslos, aber wo wir es nicht sind, sind wir auch nicht beteiligt.*

Vielleicht geht Undine und liest?

Ingeborg Bachmann (1926-1973)

Da sitze ich, bald achtzig Jahre alt, da sitze ich und lese immer noch. Neben mir mein Hund, über mir ein Bild von Harald Metzkes, der jetzt zweiundneunzig Jahre alt ist und den man den »Cézannist« vom Prenzlauer Berg nennt. Ich sah dieses Bild im Jahr meiner Krebsoperation auf der Art Cologne, und ich wusste: das ist mein Bild. Da sitzt eine Frau zwar drinnen, aber doch am offenen Fenster zur Welt, und es sieht aus, als ob sie um ihr Leben liest. Und während sie das tut, wird es draußen schon wieder hell. Ich stand davor und weinte und kaufte das Bild natürlich – ich hatte gerade kurz vorher einen gut dotierten Literaturpreis bekommen. (Ein Wunder, denn Bestsellerautoren kriegen in der Regel keine Preise!) Harald Metzkes wurde mir ein Freund in Briefen, ist es noch, und inzwischen habe ich noch mehr Bilder von ihm. Aber dieses ist mein Lebensbild. Es zeigt genau die Situation, in der ich schon so oft war, bin, sein werde. Irgendetwas stimmt nicht, irgendetwas ist geschehen. Wenn dann die richtige Geschichte zur Hand ist, wenn ich es dann schaffe, an dieser Geschichte dran zu bleiben, dann sehe ich irgendwann hoch und die Schwärze der Nacht ist dem Morgenhimmel gewichen.

Und dann lege ich das Buch weg und gehe mit dem Hund ins Freie, wieder mal: gerettet.

BILDNACHWEIS

S. 44 © Jacob Forsell 14/picture alliance/dpa
S. 99 © picture alliance/dp/dpaweb/Bernd Weißbrod
S. 102 © DB/picture alliance/dpa
S. 129 © EMMA-Magazin/picture alliance/dpa
S. 130 © Jörg Carstensen/picture alliance/dpa
S. 140 © Isolde Ohlbaum
S. 144 © Jörg Carstensen/picture alliance/dpa
S. 148 © Jörg Carstensen/picture alliance/dpa
S. 153 © Isolde Ohlbaum
S. 180 © Bernd von Jutrczenka/picture alliance/dpa
S. 180 © Jarner Palle/Ritzau Scanpix/picture alliance
S. 183 © Trude Fleischmann/IMAGNO/Austrian Archives/picture alliance

Alle anderen von Wikimedia Commons oder
aus dem Privatarchiv der Autorin.

Fotos aus dem Privatarchiv der Autorin: © Irène Zandel